BEI GRIN MACHT SICH
WISSEN BEZAHLT

- Wir veröffentlichen Ihre Hausarbeit, Bachelor- und Masterarbeit

- Ihr eigenes eBook und Buch - weltweit in allen wichtigen Shops

- Verdienen Sie an jedem Verkauf

Jetzt bei www.GRIN.com hochladen und kostenlos publizieren

Patrick Domagalski

Reziprozität, Vertrauen und Moral - das Verhalten der Akteure des Finanzmarktes

GRIN Verlag

Bibliografische Information der Deutschen Nationalbibliothek:

Die Deutsche Bibliothek verzeichnet diese Publikation in der Deutschen Nationalbibliografie; detaillierte bibliografische Daten sind im Internet über http://dnb.d-nb.de/ abrufbar.

Dieses Werk sowie alle darin enthaltenen einzelnen Beiträge und Abbildungen sind urheberrechtlich geschützt. Jede Verwertung, die nicht ausdrücklich vom Urheberrechtsschutz zugelassen ist, bedarf der vorherigen Zustimmung des Verlages. Das gilt insbesondere für Vervielfältigungen, Bearbeitungen, Übersetzungen, Mikroverfilmungen, Auswertungen durch Datenbanken und für die Einspeicherung und Verarbeitung in elektronische Systeme. Alle Rechte, auch die des auszugsweisen Nachdrucks, der fotomechanischen Wiedergabe (einschließlich Mikrokopie) sowie der Auswertung durch Datenbanken oder ähnliche Einrichtungen, vorbehalten.

Impressum:

Copyright © 2006 GRIN Verlag GmbH
Druck und Bindung: Books on Demand GmbH, Norderstedt Germany
ISBN: 978-3-638-74249-8

Dieses Buch bei GRIN:

http://www.grin.com/de/e-book/77155/reziprozitaet-vertrauen-und-moral-das-verhalten-der-akteure-des-finanzmarktes

GRIN - Your knowledge has value

Der GRIN Verlag publiziert seit 1998 wissenschaftliche Arbeiten von Studenten, Hochschullehrern und anderen Akademikern als eBook und gedrucktes Buch. Die Verlagswebsite www.grin.com ist die ideale Plattform zur Veröffentlichung von Hausarbeiten, Abschlussarbeiten, wissenschaftlichen Aufsätzen, Dissertationen und Fachbüchern.

Besuchen Sie uns im Internet:

http://www.grin.com/

http://www.facebook.com/grincom

http://www.twitter.com/grin_com

Diplomarbeit zum Thema

„Reziprozität, Vertrauen und Moral – das Verhalten der Akteure des Finanzmarktes"

Diplomarbeit

zur Erlangung des Grades eines Diplom-Kaufmanns am

Fachbereich Wirtschafts- und Organisationswissenschaften

Professur für Betriebswirtschaftslehre, insbesondere Organisationstheorie

Helmut Schmidt Universität

Universität der Bundeswehr Hamburg

eingereicht von:

Patrick Domagalski

Inhaltsverzeichnis

Inhaltsverzeichnis..I
Abkürzungsverzeichnis...III
Abbildungsverzeichnis..IV
Tabellenverzeichnis..V

1 Einleitung...1

2 Neoklassische Kapitalmarkttheorie..4
   2.1 Annahme der Rationalität...4
   2.2 Hypothese des effizienten Marktes...5
   2.3 Capital Asset Pricing Model (CAPM) und Modifikationen..........8
      2.3.1 CAPM..8
      2.3.2 Erweiterungen und Weiterentwicklungen des CAPM..........9
   2.4 Probleme der Effizienzbestimmung und CAPM-Anomalien.....10

3 Behavioral Finance...13
   3.1 Ursprung und Grundlagen..13
   3.2 Ausgewählte Effekte...15

4 Noise Trading..17
   4.1 Definition und Charakteristik des Noise Trading.......................17
      4.1.1 Quasi-Rationalität als Kernelement des Noise Trading.....19
      4.1.2 Abgrenzung des Noise Trading..23
   4.2 Ansätze des Noise Trading..25
      4.2.1 Individuell anomales Verhalten...25
      4.2.2 Gruppen-interaktives Verhalten...26
         4.2.2.1 Unbestimmtes Noise Trading-Verhalten..................27
         4.2.2.2 Positive Feedback Trading.......................................29

4.3 Soziale Dimension der Informationstransformation
und –interpretation... 32

5 Trader als eine Community of Practice.. 34

5.1 Communities of Practice... 34

5.1.1 Definitionen... 34

5.1.1.1 Differenzierungen und Typologien................................. 35

5.1.1.2 Abgrenzung zu anderen Organisationsformen................. 40

5.1.2 Strukturmodelle für Communities... 42

5.1.2.1 Strukturmodell von Wenger... 42

5.1.2.2 Dreidimensionales Community-Modell von McDermott........ 43

5.1.3 Lebenszyklus einer Community nach Wenger........................... 45

5.1.4 Rollen innerhalb einer Community... 48

5.2 Trading Community.. 49

5.2.1 Entwicklungsphasen eines Händlers... 49

5.2.1.1 Vorbereitungen und Erwartungen................................... 50

5.2.1.2 Phase der ersten Begegnung... 52

5.2.1.3 Anpassungsphase.. 54

5.2.1.4 Stabilisierungsphase... 55

5.2.2 Der Handelsraum als sozialer Raum... 57

5.2.2.1 Räumliche Anordnung.. 57

5.2.2.2 Wissenstransfer... 59

5.2.2.3 Stress und Emotionen... 62

5.2.2.4 Reputation... 63

5.2.2.5 Der Chefhändler.. 65

5.2.3 Geschäftsbeziehungen und Freundschaft................................... 67

6 Schlussbetrachtung.. 71

Literaturverzeichnis... VI

Abkürzungsverzeichnis

APQC	American Productivity & Quality Center
APT	Arbitrage Pricing Theory
CAPM	Capital Asset Pricing Model
KGV	Kurs/Gewinn-Verhältnis
NYSE	New York Stock Exchange

Abbildungsverzeichnis

Abb.2.1: Hypothetische Wertefunktion der Prospect Theory................... 14

Abb.4.1: Modellierungsformen gruppen-interaktiven Verhaltens.............. 27

Abb.5.1: Schlüsseldimensionen von Communities of Practice.................43

Abb.5.2: Lebenszyklus einer Community of Practice...........................45

Abb.5.3: Partizipationsebenen einer Community of Practice................... 47

Abb.5.4: Rollen innerhalb einer Community...................................... 48

Abb.5.4: Schematische Darstellung des Handelsraumes der

„International Securities".. 58

Abb.5.5: Handeln, Handelsposition und soziale Position....................... 64

Tabellenverzeichnis

Tab.2.1: Modellerweiterungen des CAPM..........9

Tab.4.1 Bestimmungsfaktoren quasi-rationalen Verhaltens I...................19

Tab.4.2: Bestimmungsfaktoren quasi-rationalen Verhaltens II.................20

Tab.4.3: Bestimmungsfaktoren quasi-rationalen Verhaltens III................22

Tab.4.4: Abgrenzung des Noise Trading gegenüber konkurrierenden Ansätzen..........25

Tab.5.1: Typologien von Communities..........36

Tab.5.2: Beziehungen der Communities zu offiziellen Organisationen.......38

Tab.5.3: Abgrenzung von Communities of Practice zu anderen Organisationsformen..........41

1 Einleitung

In der neoklassischen Kapitalmarkttheorie wird von vollkommenen Märkten ausgegangen und das Verhalten der Akteure wird als rational definiert, was auch als Konzept des „Homo Oeconomicus" bekannt ist. Zudem stellt das „Capital Asset Pricing Model" das Kernstück der neoklassischen Kapitalmarkttheorie dar, in dem nutzenmaximierende Investoren unterstellt werden. Durch die empirische Überprüfung des Kapitalmarktmodells wurden jedoch Abweichungen entdeckt, welche die neoklassische Kapitalmarkttheorie nicht erklären konnte. Diese Abweichungen, die auch als „Anomalien" bezeichnet werden, deuten darauf hin, dass das Verhalten der Akteure nicht streng rational ist und auf andere Faktoren zurückzuführen ist. Aufgrund der Vielzahl von Abweichungen entwickelte sich schließlich in den 90er Jahren die Forschungsrichtung „Behavioral Finance", die seitdem das Handeln von Akteuren aus einer verhaltenswissenschaftlichen Perspektive betrachtet. Darüber hinaus existiert mit dem sogenannten Noise Trading-Ansatz die Möglichkeit, das Verhalten von Akteuren, die auf dem Finanzmarkt agieren, nicht nur aus einer psychologischen Perspektive zu beleuchten, sondern die sozialen Aspekte zu berücksichtigen, da sich die Akteure gegenseitig beeinflussen und auch keine homogene Anlegerschaft darstellen.

Die vorliegende Diplomarbeit beschäftigt sich mit dem Verhalten von Akteuren, die auf dem Finanzmarkt agieren. Dabei stellt die Untersuchung der Handlungen und Verhaltensweisen von Händlern, die als eine Gemeinschaft in Handelsräumen von Investment Banken tätig sind, den Schwerpunkt dar. Diese Handlungen und Verhaltensweisen der Händler in einer Gemeinschaft sollen explizit beleuchtet werden, wobei das Konzept der „Communities of Practice" den Rahmen dafür bildet, um daneben die Entwicklungsphasen eines Händlers innerhalb einer solchen Trading Community erläutern zu können. Dabei soll der Handelsraum als ein sozialer Raum betrachtet werden. Des Weiteren soll die Bedeutung der freundschaftlichen Geschäftsbeziehungen der Händler aufgezeigt werden.

In Kapitel 2 wird anfangs das rationale Verhalten von Individuen dargelegt, wie es in der neoklassischen Kapitalmarkttheorie verstanden wird. Zudem wird die „Theorie des Erwartungsnutzens" sowie die „Theorie der rationalen Erwartungen" erläutert, da diese die Grundlage für die „Hypothese des effizienten Marktes" darstellen, die von Fama (1970) entwickelt wurde und zugleich als eine Prämisse für das Capital Asset Pricing Model

(CAPM) von Sharpe, Lintner und Mossin zu betrachten ist. Anhand des CAPM soll dabei verdeutlicht werden, wie das Verhalten von Investoren in der neoklassischen Kapitalmarkttheorie definiert wird. Des Weiteren sollen Erweiterungen des CAPM erläutert werden sowie die Arbitrage Pricing Theory von Ross (1976), die eine Weiterentwicklung des CAPM darstellt. Schließlich sollen Probleme aufgezeigt werden, die sich bei der Effizienzbestimmung von Märkten ergeben. Zudem werden CAPM-Anomalien erläutert, die mit den grundlegenden Modellaussagen nicht zu vereinbaren sind.

Das Kapitel 3 beschäftigt sich daraufhin mit der „Behavioral Finance", wobei insbesondere die „Prospect Theory" von Tversky und Kahnemann (1979) als Grundlage der Behavioral Finance veranschaulicht wird. Zudem werden ausgewählte Effekt der Behavioral Finance vorgestellt, um die Vorgehensweise dieser Forschungsrichtung zu verdeutlichen.

In Kapitel 4 wird der Noise Trading-Ansatz explizit beleuchtet, da sich dieser um eine Erklärung nicht-fundamentaler Kursbildung bemüht. Dabei wird speziell die Quasi-Rationalität als Kernelement des Noise Trading-Ansatzes aufgezeigt, wobei die Bestimmungsfaktoren quasi-rationalen Verhaltens von Menkhoff (1995) die Basis dafür darstellen. Zudem wird eine Abgrenzung des Noise Trading-Ansatzes zu konkurrierenden Ansätzen erläutert, die Menkhoff und Röckemann (1994) anhand von vier Merkmalen vornehmen. Schließlich werden die Ansätze des Noise Trading dargelegt, wobei insbesondere das gruppen-interaktive Verhalten explizit erklärt wird. Abschließend wird die soziale Dimension der Informationstransformation und –interpretation aufgezeigt, die von Shiller (1995) erläutert wird, um zu verdeutlichen, dass Informationen von unterschiedlichen Gruppen in einer verschiedenen Art und Weise wahrgenommen werden können.

Letztlich werden in Kapitel 5, als Schwerpunkt dieser Diplomarbeit, die Handlungen und Verhaltensweisen von Händlern, die als eine Gemeinschaft in Handelsräumen von Investment Banken tätig sind, explizit beleuchtet. Dabei soll für diese Händlergemeinschaft das Konzept der „Communities of Practice" den Rahmen darstellen. Hierzu werden zuerst Definitionen vorgestellt sowie Differenzierungen, Typologien und Abgrenzungen zu anderen Organisationsformen vorgenommen. Darauf basierend werden das Strukturmodell von Wenger (2004) und das drei-dimensionale Community-Modell von McDermott (1999) dargestellt, um die Gestaltungsmöglichkeiten von Communities of Practice aufzuzeigen. Zudem wird der Lebenszyklus einer Community nach Wenger (1998) vorgestellt sowie die Rollen innerhalb einer Community nach Fontaine (2001) erläutert, um nachfolgend die Handlungen und Verhaltensweisen von Akteuren in einer Trading Community darzulegen. Dabei werden anfänglich die Entwicklungsphasen eines jungen Händlers beleuchtet, wobei insbesondere die Untersuchung von Fenton-O'Creevy et al. (2005) die Grundlage hierfür bildet. Anschließend wird der Handelsraum als ein sozialer Raum veranschaulicht, wobei, nach einer Darstellung der räumlichen Anordnung eines Handelsraumes, der Wissenstransfer zwischen den Akteuren sowie der Stress und die Emotionen der Händler geschildert werden sollen. Des Weiteren wird die Bedeutung der Reputation eines Händler sowie die Aufgaben des Chefhändlers verdeutlicht. Letztlich werden die freundschaftlichen Geschäftsbeziehungen der Händler aufgezeigt und beurteilt. Die Grundlage hierfür stellt die Untersuchung von Hasselström dar, die in New York, London und Stockholm von 1997 bis 1999 durchgeführt wurde und sich mit Händlern und Brokern, die als Intermediäre zwischen Käufer und Verkäufer fungieren, beschäftigt.

2 Die Neoklassische Kapitalmarkttheorie

2.1 Annahme der Rationalität

Die Annahme rationalen Verhaltens ist als eines der zentralen Konzepte der ökonomischen Theorie zu betrachten. Dabei stellt der Homo Oeconomicus das Leitbild der normativen bzw. präskriptiven Entscheidungstheorie dar.[1] Diese hat das Hauptanliegen zu untersuchen, wie unter gegebenen Prämissen zu entscheiden ist und empfiehlt Handlungen nach rationalen Entscheidungsregeln. Der Homo Oeconomicus wird als ein (fiktiver) Akteur verstanden, der eigeninteressiert und rational handelt, die Maximierung seiner individuellen Zielfunktion anstrebt, auf Restriktionen reagiert und feststehende Präferenzen hat. Zudem verfügt er über vollständige Informationen und kann diese unverzerrt verarbeiten.[2] Folglich handelt er rational im Sinne einer subjektiven Formalrationalität, da sich dieser bei gegebenen, subjektiv wahrgenommen Informationen nach der definierten Entscheidungslogik verhält und dementsprechend seine Ziele konsistent verfolgt.[3] Ferner gilt das Menschenbild des Homo Oeconomicus unabhängig von der jeweiligen Entscheidungssituation.[4]

Darüber hinaus wird zwischen dem rationalen Verhalten unter Sicherheit und unter Unsicherheit unterschieden. Jedoch muss jede Theorie von rationalem Verhalten unter Unsicherheit den Sicherheitsfall als eine extreme Form beinhalten. Die von Neumann und Morgenstern im Jahre 1944 entwickelte „Theorie des Erwartungsnutzens" ist ein Modell rationalen Verhaltens unter Untersicherheit und greift den Gedanken des Erwartungsnutzens von Bernoulli aus dem Jahre 1738 wieder auf. Hier stellt der Erwartungsnutzen eine adäquate Beurteilungsgröße für den Vergleich von Handlungsalternativen dar und wird mit den Konzepten der internen Konsistenz sowie der Verfolgung des Eigeninteresses verbunden, welche für den Sicherheitsfall formuliert wurden. Zudem werden axiomatische Bedingungen für die Ableitung eines Präferenzkalküls ergänzt.[5]

Infolgedessen kann mit den ermittelten Erwartungswerten der jeweiligen Handlungsalternativen die nutzenmaximierende Handlungsalternative ausgewählt werden. Dabei kann von rationalem Verhalten im Sinne der Erwartungsnutzentheorie gesprochen

---
[1] Vgl. Hoffmann (2001), S. 5; Schmidt (2004), S. 7.
[2] Vgl. Franz (2004), S. 4; Unser (1999), S. 9f.
[3] Vgl. Schmidt (2004), S. 7; Unser (1999), S. 12f.
[4] Vgl. Schmidt (2004), S. 7.
[5] Vgl. Schmidt (2004), S. 7ff; Unser (1999), S. 15f.

werden, wenn ein Entscheider seinen eigenen Nutzen maximiert und die Präferenz des Entscheiders die drei axiomatischen Bedingungen vollständige Ordnung, Stetigkeit und Unabhängigkeit erfüllt.[6]

Die „Theorie der rationalen Erwartungen" von Muth aus dem Jahre 1961 ist für die Analyse der Erwartungsbildung und Informationsverarbeitung von besonderer Bedeutung. Hier verhält sich jeder Entscheider so, als ob er Kenntnis von allen Daten der Vergangenheit und Gegenwart besitzen würde, welche für die Entscheidungssituation erforderlich sind. Für den Entscheider ist die Berücksichtigung aller zur Verfügung stehenden Informationen wichtig, um Kosten durch Fehlentscheidungen zu vermeiden. Dies ist als ökonomisch rational zu betrachten, wenn die Informationen kostenfrei sind bzw. solange die Kosten der Informationsbeschaffung geringer sind als der Nutzen. Folglich ist ein mathematischer, objektiver Erwartungswert, welcher das Ergebnis der ökonomischen Modellstrukur in Verbindung mit den verfügbaren Informationen ist, mit dem subjektiven Erwartungswert identisch. Es ist jedoch zu berücksichtigen, dass das Verhalten eines Entscheiders im Zusammenhang mit dem aggregierten Verhalten aller Entscheidungsträger zu betrachten ist. Ein abweichendes Verhalten eines einzelnen Entscheiders ist keine Widerlegung der Theorie. Von Interesse ist vielmehr, wie sich der Großteil der Entscheidungsträger verhält.[7]

Auf Grundlage der „Theorie des Erwartungsnutzens" und der „Theorie der rationalen Erwartungen" entwickelte Fama die „Hypothese des effizienten Marktes", die im Folgenden näher beleuchtet werden soll.[8]

2.2 Hypothese des effizienten Marktes

Nach Fama ist ein Markt effizient, wenn die Preise von Wertpapieren zu jeder Zeit alle verfügbaren Informationen widerspiegeln: „A market in which prices always 'fully reflect' available information is called 'efficient'."[9] Zudem präzisiert Gonedes im Jahre 1976 die Definition, indem er explizit erläuterte, was unter „fully reflect" zu verstehen ist: „An efficient capital market is one wherein prices fully reflect all available information and,

---

[6] Vgl. Schmidt (2004), S. 8f; Unser (1999), S. 16ff.
[7] Vgl. Muth (1961), S. 315ff; Hoffmann (2001), S. 7; Klein (1999), S. 19f.
[8] Vgl. Hoffmann (2001), S. 8.
[9] Fama (1970), S. 383.

thus, one wherein prices adjust rapidly and unbiasedly to new information."[10] Demzufolge spiegelt ein Preis alle zur Verfügung stehenden Informationen wider, wenn sich dieser sofort und unverzerrt beim Auftreten von neuen Informationen an den neuen Informationsstand anpasst.[11] Allerdings definierte Fama im Jahre 1965 ursprünglich einen effizienten Markt als "a market where there are large numbers of rational, profit-maximizers actively competing, with each trying to predict future market values of individual securities, and where important current information is almost freely available to all participants."[12]

Weiterhin unterscheidet Fama drei Stufen der Informationseffizienz:[13]

- Schwache Informationseffizienz ist gegeben, wenn zu jedem Zeitpunkt sämtliche Informationen über die vergangene Kursentwicklung in den gegenwärtigen Preisen enthalten sind. Folglich lässt sich durch die technische Analyse (Chartanalyse) keine Überrendite erzielen.

- Semistarke Informationseffizienz liegt vor, wenn zu jedem Zeitpunkt sämtliche öffentlich verfügbaren Informationen in den Marktpreisen enthalten sind. Daher können weder durch die Chartanalyse noch durch die Fundamentalanalyse systematisch Überrenditen erzielt werden.

- Starke Informationseffizienz ist gegeben, wenn zu jedem Zeitpunkt alle Informationen, d.h. auch die nicht öffentlich zugängliche Informationen (Insiderinformationen, private Informationen) im gegenwärtigen Marktpreis enthalten sind.

Die Menge der relevanten Informationen steigt von der schwachen zur starken Informationseffizienz an, wobei die starke Informationseffizienz alle überhaupt verfügbaren Informationen beinhaltet. Infolgedessen kann ein Investor in einem stark informationseffizienten Kapitalmarkt keine Vorteile aus Informationsauswertungen zum Zwecke der Wertpapieranalyse erlangen, da diese bereits im Marktpreis enthalten sind.[14]

---

[10] Gonedes (1976), S. 612.
[11] Vgl. Hoffmann (2001), S. 8.
[12] Fama (1965), S. 56.
[13] Vgl. Fama (1970), S. 383; Fama (1991), S. 1576.
[14] Vgl. Schmidt (2004), S. 15; Wilhelm (2001), S. 106.

Darüber hinaus bestimmt Fama folgende hinreichende Bedingungen, die einen Markt zu einem effizienten Markt werden lassen: „For example consider a market which

i. there are no transactions costs in trading securities,
ii. all available information is costlessly available to all market participants, and
iii. all agree on the implications of current information for the current price and distributions of future prices of each security.

In such a market, the current price of a security obviously "fully reflects" all available information."[15] Zudem merkt Fama an, dass diese Bedingungen zwar hinreichend sind, jedoch nicht notwendig, da ein Markt auch effizient sein kann, wenn eine „hinreichend große Anzahl" von Investoren einen unbeschränkten Zugang zu den verfügbaren Informationen hat.[16]

Fama erweiterte im Jahre 1991 seine eigene Einteilung der Effizienzbegriffe und bezeichnet seitdem die Überprüfung der schwachen Informationseffizienz („weak-form tests") als „tests for return predictability".[17] Hier wurde zusätzlich zu den Vergangenheitsdaten auch die Vorhersagbarkeit von Wertpapierrenditen durch Variablen wie Dividendenzahlungen und Zinssätzen sowie weiteren Effekten, wie beispielsweise Saisonalitäten mit einbezogen.[18] Des Weiteren wird die Überprüfung der semistarken Informationseffizienz („semi-strong form tests") als „event studies" bezeichnet und die Überprüfung der starken Informationseffizienz („strong-form tests") als „tests for private information".[19] Außer einer Änderung der Termini wurde hier keine Veränderung bzw. Erweiterung vorgenommen.

Die dargestellte „Hypothese des effizienten Marktes" ist als eine Prämisse für das Capital Asset Pricing Model (CAPM) zu betrachten, welches das Kernstück der neoklassischen Kapitalmarkttheorie darstellt und im Folgenden erläutert werden soll.

---

[15] Fama (1970), S. 387.
[16] Vgl. Fama (1970), S. 388.
[17] Vgl. Fama (1991), S. 1576.
[18] Vgl. Hoffmann (2001), S. 11; Schmidt (2004), S. 15.
[19] Vgl. Fama (1991), S. 1577.

2.3 Capital Asset Pricing Model (CAPM) und Modifikationen

2.3.1 CAPM

Das Capital Asset Pricing Model wurde in den 60er Jahren unabhängig und nahezu zeitgleich von Sharpe, Lintner und Mossin entwickelt. Dabei handelt es sich um ein Kapitalmarktgleichgewichtsmodell, dessen Grundlage die Portfoliotheorie von Markowitz aus dem Jahre 1952 darstellt. Die Erkenntnisse der Portfoliotheorie sowie die Prämissen des effizienten Marktes werden im CAPM miteinander verbunden.[20] Zudem sind zusätzliche Prämissen für das CAPM erforderlich. Es wird davon ausgegangen, dass alle Investoren homogene Erwartungen haben und der Betrachtungszeitraum eine Periode umfasst. Dazu existiert ein risikoloser Zinssatzes.[21]

Betrachtet man einen nutzenmaximierenden Investor, der zwischen Rendite und Risiko zu entscheiden hat, so wird der Investor unter den gegebenen Prämissen das Marktportfolio wählen, das alle auf dem Kapitalmarkt gehandelten risikobehafteten Wertpapiere umfasst, da nur dieses absolut effizient ist. Als effizient ist ein Portfolio dann anzusehen, wenn bei gleicher Rendite kein Portfolio mit einem geringeren Risiko sowie bei gleichem Risiko kein Portfolio mit einer höheren Rendite vorhanden ist. Daher können einzelne Wertpapiere nur nach ihrem Risikobeitrag zu diesem Marktportfolio bewertet werden, da kein Investor bereit ist, ein anderes Portfolio als das Marktportfolio zu halten. Zudem wird bei der Bildung des Marktportfolios ausschließlich das nicht diversifizierbare, systematische Risiko vergütet, welches durch das sogenannte Beta (β) ausgedrückt wird. Das unsystematische Risiko kann durch Diversifikation vollständig eliminiert werden. Infolgedessen wächst die Rendite proportional mit dem systematischen Risiko des Wertpapiers. Dies bedeutet also, dass je höher das Risiko einer Position eines Investors ist, desto höher muss die zur Kompensation erwartete Rendite dieser Position sein. Der lineare Zusammenhang zwischen der erwarteten Rendite und dem systematischen Risiko eines Wertpapiers stellt die Kernaussage des CAPM dar.[22]

Das CAPM stimmt mit dem neoklassischen Denken überein, da von nutzenmaximierenden Investoren ausgegangen wird. Dabei wird das nicht-rationale Verhalten als für die Preisbildung irrelevant ausgeschlossen. Auch trifft das CAPM keine Annahmen über den Preisbildungsprozess, sondern ausschließlich über das Anlegerverhalten.[23]

---

[20] Vgl. Opfer (2004), S. 44; Ulschmidt (1994), S. 48; Fama/French (2004), S. 25f.
[21] Vgl. Opfer (2004), S. 45; Wilhelm (2001), S. 86.
[22] Vgl. Döhrmann (1990), S. 48f; Schmidt (2004), S. 20f; Steiner/Uhlir (2001), S. 187f.
[23] Vgl. Röckemann (1995), S. 16.

2.3.2 Erweiterungen und Weiterentwicklungen des CAPM

Aufgrund der sehr restriktiven Prämissen des Modells wurde das CAPM weiterentwickelt, um es an die Wirklichkeit näher anzupassen. Dabei kann zwischen Modifikationen der Modellprämissen einerseits und Modifikationen der Modellstruktur andererseits differenziert werden, wie es in der Tabelle 2.1 dargestellt ist.[24]

Modellerweiterungen des CAPM	
Modifikation der Modellprämissen	Modifikation der Modellstrukur
<ul><li>Verzicht auf einen risikolosen Zinssatz</li><li>Differenzierung Soll- und Habenzins</li><li>Verzicht auf Leerpositionen</li><li>Berücksichtigung von Steuern</li><li>Berücksichtigung höherer Momente</li><li>Alternative Renditeverteilungsannahme</li><li>Alternativer Risikoparameter</li><li>Heterogene Erwartungen</li><li>Liquidität im Wertpapierhandel</li><li>Existenz von Transaktionskosten</li></ul>	<ul><li>Integration von Humankapital</li><li>Internationales CAPM (ICAPM)</li><li>Multi-Beta CAPM</li></ul>

Tab.2.1: Modellerweiterungen des CAPM
Quelle: Eigene Darstellung (in Anlehnung an Opfer (2004), S. 51.)

Insbesondere der Ansatz von Black aus dem Jahre 1972 hat eine große Bedeutung erlangt. In diesem entwickelten Zero-Beta-CAPM wird auf die Annahme eines risikolosen Zinssatzes zur Geldaufnahme und Geldanlage verzichtet.[25] Dadurch soll der Kritik begegnet werden, dass in der Praxis risikofreie Anlagealternativen nicht existent sind. Auch festverzinsliche Wertpapiere von Staaten erster Bonität sind beispielsweise durch die Inflation, Zinsänderungsrisiken und möglicherweise Rest-Bonitätsrisiken betroffen.[26]

---

[24] Vgl. Opfer (2004), S. 92f.
[25] Vgl. Black (1972), S. 446.
[26] Vgl. Wilhelm (2001), S. 93.

Eine Erweiterung des CAPM stellt die Arbitrage Pricing Theory (APT) dar, die im Jahre 1976 von Ross entwickelt wurde und weniger restriktive Bedingungen enthält.[27] Der APT liegt dabei die Idee des CAPM zu Grunde, dass lediglich das systematische Risiko eines Wertpapiers bewertungsrelevant ist und das unsystematische Risiko durch Diversifikation eliminiert werden kann. Zudem wird durch die APT explizit die Auffassung der Arbitragefreiheit von Finanzmärkten berücksichtigt. Durch Arbitrageprozesse wird erreicht, dass sich der Markt stets im Gleichgewicht befindet. Infolgedessen müssen die Renditen von Arbitrageportfolios im Marktgleichgewicht Null entsprechen.[28]

Im Gegensatz zum CAPM besitzt die APT den Vorteil, dass das Marktportfolio keine Bedeutung hat, da dem Investor im CAPM die Kenntnis über die Struktur des Gesamtmarktportfolios und das Halten von Anteilen an diesem Marktportfolio unterstellt wird. Zudem ist in der APT die Erklärung des systematischen Risikos über mehrere Einflussfaktoren möglich, die jedoch vollständig erkannt und auch richtig interpretiert werden müssen. Die APT stellt eine realitätsnahe Erweiterung dar und ermöglicht bessere Prognose als das CAPM sowie eine Quantifizierung von verschiedenen Risikofaktoren und deren Kontrolle.[29]

2.4 Probleme bei der Effizienzbestimmung von Märkten und CAPM-Anomalien

Bei der Bestimmung der Effizienz von Märkten stellt sich die Frage, in wieweit der Markt in der Lage ist, Informationen so zu bewerten, dass diese „richtig" in den Preis übertragen werden. Hier stellt sich das Problem, was unter „richtig" zu verstehen ist, da man den Wert einer Information nicht genau bemessen kann, denn dies soll der Markt ja leisten. Somit kann eine adäquate Definition der Effizienz nur gegeben werden, wenn eine Trennung zwischen Informationen und Rauschen möglich ist. Dabei versteht man unter „Rauschen" Nachrichten bzw. Einflüsse, die keinen Informationsgehalt besitzen. Falls eine korrekte Trennung von Informationen und Rauschen möglich ist, kann die Effizienz eines Marktes angemessen bewertet werden. Besteht für einen Marktakteur ferner die Möglichkeit mit zusätzlichem Wissen Profite zu erzielen, so lässt dies auf einen ineffizienten Markt schließen, da bei einem stark informationseffizienten Markt alle Informationen im Marktpreis enthalten sind.[30]

---

[27] Vgl. Ross (1976), S. 341ff.
[28] Vgl. Bauer (1992), S. 28; Klein (1999), S. 105f.
[29] Vgl. Klein (1999), S. 106f; Schmidt (2004), S. 22.
[30] Vgl. Rothenstein (2004), S. 59ff.

Darüber hinaus existieren CAPM-Anomalien, die entweder unvereinbar mit den grundlegenden Modellaussagen sind oder auf einen informationsineffizienten Markt deuten. Bei diesen Abweichungen lassen sich zum einen Querschnitts-Anomalien und zum anderen kalenderzeitliche Anomalien unterscheiden. Querschnitts-Anomalien können Renditeunterschiede von Aktienwerten zu einem Zeitpunkt (Querschnitt) erklären.[31] Dazu zählt der sogenannte Winner/Loser-Effekt, mit dem De Bondt und Thaler für den Zeitraum von 1926 bis 1982 anhand von gehandelten Aktien an der New York Stock Exchange (NYSE) aufzeigen, dass Portfolios mit der schlechtesten Performance nach 3 Jahren relativ zum Markt höhere Renditen erzielen, während Portfolios mit der besten Performance relativ zum Markt eine niedrigere Rendite aufweisen.[32] Dies kann das Ergebnis von Überreaktionen der Investoren auf unerwartete und dramatische Nachrichten sein.[33] Zudem kann der Winner/Loser-Effekt nicht mit dem CAPM erklärt werden, da die Winner-Portfolios gegenüber den Loser-Portfolios keine systematisch höheren Beta-Werte aufzeigen.[34]

Eine weitere Querschnitts-Anomalie stellt der Size-Effekt dar. Demzufolge erzielen die Aktien von kleinen Unternehmen höhere Renditen als die von Großunternehmen. Dies lässt sich durch die Tatsache erklären, dass Analysten die kleinen Firmen vernachlässigen und somit für die Investoren nicht ausreichend Informationen zur Verfügung stehen, um eine risikobewusste Investition zu tätigen. Aufgrund dieses Informationsdefizits erscheint die Ertragslage der kleinen Unternehmen als unsicher. Daher werden bei der Risikoübernahme am Markt höhere Prämien gefordert. Die Erklärung und Erweiterung des Size-Effekts auf Grundlage des Informationsdefizits wird auch als Neglected Firm-Effekt bezeichnet.[35]

Des Weiteren ist der Price/Earning-Effekt als eine Querschnitts-Anomalie zu betrachten. Dieser besagt, dass Aktien mit einem geringen Kurs-Gewinn-Verhältnis (KGV), im Durchschnitt höhere Renditen erzielen. Eine mögliche Erklärung ist auf eine temporäre Unterbewertung des jeweiligen Unternehmens und einer damit verbundenen Unterschätzung der zukünftigen Erträge zurückzuführen. Aufgrund einer Reihe von schlechten Nachrichten eines Unternehmens, könnten Investoren zudem übermäßig

---

[31] Vgl. Röckemann (1995), S. 27.
[32] Vgl. De Bondt/Thaler (1985), S. 793ff; De Bondt/Thaler (1989), S. 193ff.
[33] Vgl. De Bondt/Thaler (1985), S. 804; De Bondt/Thaler (1987), S. 557.
[34] Vgl. De Bondt/Thaler (1987), S. 579.
[35] Vgl. Arbel/Carvell/Strebel (1983), S. 57ff; Banz (1981), S. 16f; Reinganum (1981), S. 19f.

pessimistisch eingestellt sein. Sollte sich diese Einschätzung jedoch als nicht zutreffend erweisen und sich die zukünftigen Erträge des Unternehmens besser als erwartet entwickeln, so wird sich dies in einer Kurskorrektur nach oben widerspiegeln, was schließlich zu Überrenditen führt.[36]

Darüber hinaus lassen kalenderzeitliche Anomalien Zweifel an der Preisbildung durch das CAPM aufkommen. Etwa haben Rozeff und Kinney im Jahre 1976 bei der Schätzung der monatlichen Beta-Werte von Aktien, die an der NYSE im Zeitraum von 1904 bis 1974 gehandelt wurden, ein besonders hohes systematisches Risiko im Januar festgestellt.[37] Ferner wurde ermittelt, dass sich lediglich im Januar signifikant positive Risikoprämien finden lassen. Demnach erzielen riskantere Aktien ausschließlich im Januar eine höhere Rendite.[38] Diese Anomalie ist auch als Januar-Effekt bekannt und wird hauptsächlich mit steuerlichen Gründen erklärt. Jedoch zeigt sich der Januar-Effekt auch in Großbritannien und Australien. Hier beginnt das Steuerjahr allerdings am 1. April bzw. 1. Juli.[39] Des Weiteren werden zusätzliche kalenderzeitliche Anomalien erwähnt, wie beispielsweise der Weekend-, Holiday- oder Turn of the Month-Effekt.[40]

Aufgrund der vielen beobachteten Anomalien in der traditionellen Kapitalmarkttheorie, die sich nicht hinreichend erklären lassen konnten, entwickelte sich in den 90er Jahren die Forschungsrichtung „Behavioral Finance", die seitdem das Handeln von Akteuren aus einer verhaltenswissenschaftlichen Perspektive betrachtet.[41] Im Folgenden werden die ursprünglichen Wurzeln und die Grundlagen sowie ausgewählte Effekte der Behavioral Finance vorgestellt.

---

[36] Vgl. Basu (1977), S. 680f; De Bondt/Thaler (1985), S. 794.
[37] Vgl. Rozeff/Kinney (1976), S. 379ff.
[38] Vgl. Vgl. Lakonishok/Shapiro (1986), S. 115ff; Thaler (1987), S. 198ff; Tinic/West (1984), S. 561.
[39] Vgl. Thaler (1987), S. 200.
[40] Vgl. Thaler (1987a), S. 169ff.
[41] Vgl. Shiller (2003), S. 90f.

3 Behavioral Finance

3.1 Ursprung und Grundlagen

Der Forschungszweig der Behavioral Finance entwickelte sich, als die Wirtschaftswissenschaftler die Fortschritte in der Psychologie zur Kenntnis nahmen. Dabei stellt die „Prospect Theory" der Psychologen Tversky und Kahnemann aus dem Jahre 1979 ein zentrales Konzept der Behavioral Finance dar.[42] Dieses theoretische Modell wurde für einfache Lotterien mit monetären Auszahlungen und gegebenen Wahrscheinlichkeiten formuliert und ist auch in der Lage, komplexeren Entscheidungsproblemen zu begegnen.[43] Dazu sind die Axiome der Erwartungsnutzentheorie als wesentliche Grundlage zu betrachten, wobei das Unabhängigkeitsaxiom in abgeschwächter Form verwendet wird.[44]

In diesem Modell wird zwischen einer Editierungs- und Evaluationsphase differenziert. In der ersten Phase wird eine vorausgehende Analyse des Entscheidungsproblems vorgenommen, welches das effektive Handeln, Möglichkeiten und Auszahlungen festlegt. Die Festlegung wird dabei durch die Art und Weise bestimmt, wie ein Entscheider, unter Berücksichtigung von Normen, Gewohnheiten und Erwartungen, ein Entscheidungsproblem bewertet.[45] Infolgedessen besitzt die Editierungsphase die Funktion, Handlungsalternativen zu gliedern und neu darzulegen, um eine Vereinfachung der Bewertung und Auswahl von Lotterien zu ermöglichen. Zusätzlich wird in dieser Phase ein Referenzpunkt gesetzt, an dem ein Entscheider Verluste und Gewinne relativ bewerten kann. In der nachfolgenden Evaluationsphase werden schließlich die aufbereiteten Lotterien bewertet und die Lotterie mit dem höchsten Wert ausgewählt. Dabei wird bei der Auswahl von Lotterien zwischen zwei Wegen unterschieden. Einerseits wird eine Lotterie ausgewählt, wenn festgestellt wurde, dass diese eine andere Lotterie dominiert. Andererseits wird eine Wahl durch den Vergleich der Lotteriewerte getroffen.[46]

Letztlich kann die Bewertung der Gewinne (Gains) und Verluste (Losses) anhand einer hypothetischen Wertefunktion erfolgen. Hier werden jedoch die Gewinne und Verluste unterschiedlich behandelt. Zum einen wird für positive Abweichungen vom Referenzpunkt ein konkaver Verlauf angenommen, der eine Risikoaversion impliziert. Zum anderen geht man bei einer negativen Abweichung von einem konvexen Verlauf aus, der die

---

[42] Vgl. Shefrin (2000), S. 7f.
[43] Vgl. Tversky/Kahnemann (1979), S. 274.
[44] Vgl. Unser (1999), S. 35.
[45] Vgl. Tversky/Kahnemann (1986), S. 257.
[46] Vgl. Tversky/Kahnemann (1979), S. 274; Tversky/Kahnemann (1986), S. 257.

Risikofreude zum Ausdruck bringen soll.[47] Die Abbildung 2.1 verdeutlicht den typischen Verlauf der hypothetischen Wertefunktion.

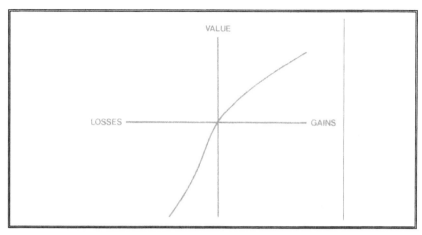

Abb.2.1: Hypothetische Wertefunktion der Prospect Theory
Quelle: Tversky/Kahnemann (1986), S. 257.

Mit Hilfe der Prospect Theory ist es der Behavioral Finance möglich geworden, Verhaltensmuster aufzudecken, die nicht rational zu erklären sind, sondern zum Teil auf Gefühlen bzw. Intuitionen basieren. Zudem ist die Prospect Theory als die wichtigste Alternative zur klassischen Erwartungsnutzentheorie zu betrachten. Dabei lassen sich die daraus erlangten Erkenntnisse direkt auf das Verhalten der Akteure auf den Finanzmärkten übertragen.[48]

Darüber hinaus beschäftigt sich die Behavioral Finance insbesondere mit der Aufnahme, Auswahl und Verarbeitung von Informationen. Hier wird von den Akteuren angenommen, dass diese nicht in der Lage sind, alle zur Verfügung stehenden Informationen wahrzunehmen und zu verarbeiten. Demnach lassen sich in verschiedenen Situationen Fehlentscheidungen beobachten, die eine Systematik aufweisen sollen.[49] Um dies zu verdeutlichen, werden im Folgenden ausgewählte Effekte der Behavioral Finance vorgestellt, die grundlegende Facetten des menschlichen Verhaltens in Entscheidungssituationen beleuchten sollen.

---

[47] Vgl. Tversky/Kahnemann (1986), S. 258; Unser (1999), S. 36f.
[48] Vgl. Goldberg/von Nitzsch (2000), S. 27.
[49] Vgl. Goldberg/von Nitzsch (2000), S. 25ff.

3.2 Ausgewählte Effekte

Ein beobachteter Effekt in der Behavioral Finance, der sich mit der Gewinn- und Verlustwahrnehmung von Akteuren beschäftigt, ist die sogenannte Verlustaversion (Loss Aversion). Demnach werden Verluste stärker empfunden und bewertet als Gewinne mit gleichem Ausmaß. Dies lässt sich an der Wertefunktion der Prospect Theory verdeutlichen, da diese im Verlustbereich wesentlich steiler verläuft als im Gewinnbereich.[50] Aus psychologischer Sicht kann dies dadurch erklärt werden, dass Akteure Enttäuschungen über Fehlentscheidungen möglichst auch prospektiv vermeiden wollen, was als Regret Avoidance bezeichnet wird. Darüber hinaus werden potentielle Verluste nicht realisiert, um Enttäuschungen hinauszuzögern. Das Handeln der Akteure ist somit bei Verlusten risikofreudiger und bei Gewinnen risikoscheuer. Dabei werden Gewinne zu früh und Verluste zu spät realisiert. Diese Erscheinung wird auch Dispositions-Effekt genannt.[51]

Des Weiteren beschäftigt sich die Behavioral Finance mit dem sogenannten Sunk-cost-Effekt. Hier betrachtet ein Akteur die bereits angefallenen Kosten einer Entscheidung, anstatt die zukünftigen Möglichkeiten zu analysieren. Je mehr in eine Entscheidung investiert wurde, desto größer ist später die Bereitschaft, an dieser festzuhalten. Zudem erhöht sich der Sunk-cost-Effekt, wenn es sich um die Revidierung der eigenen Entscheidung handelt. Entscheidungen der eigenen Gruppen lassen sich dagegen leichter widerrufen. Allerdings halten Gruppen auch dann noch an früheren Entscheidungen fest, wenn die dafür verantwortlichen Personen die Gruppe schon verlassen haben. Eine psychologische Erklärung sieht vor allem in dem Streben nach Konsistenz einen Grund für den Sunk-cost-Effekt. Zudem werden auch gruppendynamische Gründe wie Verwundbarkeit und interpersoneller Wettbewerb als Gründe aufgeführt. Demnach halten Akteure an ihren Entscheidungen fest und rechtfertigen diese sogar, um vor der Gruppe als kompetent und rational vorgehend zu gelten.[52]

Darüber hinaus wird in der Behavioral Finance ein weiterer Aspekt menschlichen Verhaltens beobachtet, der als Overconfidence bezeichnet wird und die unrealistisch positive Bewertung der eigenen Eigenschaften zum Ausdruck bringt. Dabei ist aus psychologischen Experimenten die Erkenntnis gewonnen worden, dass Individuen ihr eigenes Wissen sowie ihre eigenen Fähigkeiten deutlich überschätzen. Ferner besitzt die

---

[50] Vgl. Tversky/Kahnemann (1991), S. 1039ff; Schmidt (2004), S. 40.
[51] Vgl. Goldberg/von Nitzsch (2000), S. 130ff ; Barberis/Thaler (2003), S. 53ff.
[52] Vgl. Kiehling (2001), S. 99f; Goldberg/von Nitzsch (2000), S. 94ff.

Overconfidence eine starke Abhängigkeit von sozialen Faktoren. Ein Akteur trifft eine überlegtere Entscheidung, wenn ihm bewusst ist, dass er anschließend in einer Gruppendiskussion mit der getroffenen Entscheidung konfrontiert wird. Zudem führen viele getroffene Entscheidungen mit positiven Ergebnissen zu einem gefestigten Selbstbewusstsein des Akteurs, was allerdings langfristig eine überhöhte Selbstsicherheit zur Folge hat und das Urteilsvermögen beeinflusst.[53]

Anhand der erläuterten Effekte lässt sich erkennen, wie die Behavioral Finance generell vorgeht, um Anomalien des menschlichen Verhaltens aus einer psychologischen Perspektive zu erklären und eine dazugehörige Systematik zu begründen. Diese Forschungsrichtung wird jedoch auch kritisiert. Beispielsweise bezeichnet Fama die Behavioral Finance als „the anomalies literature".[54] Willman et al. kritisieren zudem: „It simply adds sociologically unanchored heuristics to fit observed and anomalous aggregate trading patterns. Temporal and interpersonal sources of variation in the incidence of heuristic-based trading cannot be explained".[55]

Nachfolgend soll der sogenannte Noise Trading-Ansatz näher beleuchtet werden, der sich um eine Erklärung nicht-fundamentaler Kursbildung bemüht und als ein geschlossener Gegenentwurf zur traditionellen Finanzmarkttheorie betrachtet werden kann.

---

[53] Vgl. Barber/Odean (2004), S. 553ff; Kiehling (2001), S. 141f.
[54] Vgl. Fama (1998), S. 285.
[55] Vgl. Willman et al. (2006), S. 1364.

4 Noise Trading

4.1 Definition und Charakteristik des Noise Trading

Der Noise Trading-Ansatz stellt eine Alternative zur traditionellen Finanzmarkttheorie dar und weicht die strenge Annahme des rationalen Verhaltens auf. Dieser Ansatz ist um eine Verarbeitung von Fakten bemüht, die als nicht-fundamental, also nicht der Theorie entsprechend, aufgefasst werden. Dabei ist die Presidential Address an die American Finance Association von Black im Jahre 1986 als grundlegend für diesen Ansatz zu betrachten, da er explizit Kursabweichungen vom fundamental gerechtfertigten Kurs in die Theorie einführt und den Begriff „Noise" prägt, der sich an das weiße Rauschen eines zufälligen Störterms anlehnt.[56]

Folglich ist unter Noise das Grundrauschen des Marktes zu verstehen und bezeichnet dementsprechend das ohne Systematik auftretende Handeln, dem keine fundamentalen Auslöser zu Grunde liegen.[57] Black charakterisiert Noise als „what makes our observations imperfect".[58] Zudem merkt er an, dass „noise makes financial markets possible, but also makes them imperfect".[59] Darüber hinaus unterscheidet Black zwei Typen von Akteuren. Einerseits benennt er Akteure, welche aufgrund von fundamentalen Informationen handeln und andererseits solche, die sich nach dem Marktrauschen richten. „In my basic model of financial markets, noise is contrasted with information. People sometimes trade on information in the usual way. They are correct in expecting to make profits from these trades. On the other hand, people sometimes trade on noise as it were information".[60] Infolgedessen sind Noise Trader als Anleger zu betrachten, die aufgrund von Noise handeln und zugleich auch Noise hervorrufen.[61] Die Gründe für dieses Handeln erklärt sich Black wie folgt: „One reason is that they like to do it. Another is that there is so much noise around that they don't know they are trading on noise. They think they are trading on information".[62]

Darüber hinaus existieren in der Literatur weitere Auffassungen von Noise: „Noise ist hier als eine preisliche Abweichung vom ‚fundamental gerechtfertigten' Kursniveau einer

---

[56] Vgl. Menkhoff/Röckemann (1994), S. 278.
[57] Vgl. Röckemann (1995), S. 50.
[58] Black (1986), S. 529.
[59] Black (1986), S. 530.
[60] Black (1986), S. 529.
[61] Vgl. Röckemann (1995), S. 50.
[62] Black (1986), S. 534.

Aktie definiert, die aus ‚Noise Trading' resultiert".[63] Zudem bewertet von Heyl Noise wie folgt: „Es wird erkennbar werden, dass Noise, weil es sich nicht vollständig diversifizieren lässt, von den Marktteilnehmern als zusätzliche Risikokomponente empfunden wird [...]."[64]

Infolgedessen können für den Begriff Noise mindestens drei verschiedene Bedeutungen bestimmt werden:

1. „‚Noise' als Gegenstück zum Begriff ‚Information',
2. ‚Noise' als nicht diversifizierbare Risikokomponente und
3. ‚Noise' als Abweichung zwischen dem tatsächlich realisierten Preis und dem fundamental gerechtfertigten Kurswert eines Assets."[65]

Ferner hat sich der Begriff des Noise Trading für Ansätze durchgesetzt, die eine nicht-fundamentale Kursbildung erklären sollen. Zum Teil wird jedoch nicht von Noise Trading, sondern von Bubbles, Fads und Fashions gesprochen.[66] Zudem existieren konkurrierende Begriffe, die möglicherweise besser geeignet wären, um der verhaltenswissenschaftlichen Grundlage dieses Forschungszweigs Ausdruck zu verleihen.[67] Dabei sind die Begriffe „Investor Sentiment" und „Popular Models" zu nennen.[68]

Der Ansatzpunkt aller Noise Trading-Ansätze ist darin zu sehen, dass das tatsächlich beobachtbare Verhalten eingebunden und nicht nur von rationalem Verhalten ausgegangen wird und sich somit ein positiveres Verständnis darlegt.[69] Dazu wird der Begriff „Quasi-Rationalität" verwendet, der von Russel und Thaler vorgeschlagen wird: „We propose calling any such regular yet nonrational behavior *quasi rational*".[70] Zudem fasst Thaler zusammen, was er unter Quasi-Rationalität versteht: „Quasi rational behavior exists, and it matters. In some well-defined situations, people make decisions that are systematically and substantively different from those predicted by the standard economic model. Quasi rational behavior can be observed under careful laboratory controls and in natural economic settings such as the stock market."[71]

---

[63] von Heyl (1995), S. 19.
[64] von Heyl (1995), S. 136.
[65] Stadtmann (2002), S. 26.
[66] Vgl. Röckemann (1995), S. 50; Camerer (1989), S. 3.
[67] Vgl. Menkhoff/Röckemann (1994), S. 279.
[68] Vgl. Shleifer/Summers (1990), S. 23; Shiller (1990), S. 55.
[69] Vgl. Menkhoff/Röckemann (1994), S. 279.
[70] Russel/Thaler (1985), S. 1072.
[71] Thaler (1994), S. XXI.

4.1.1 Quasi-Rationalität als Kernelement des Noise Trading

Der Begriff der Quasi-Rationalität ist nicht explizit definiert. Allerdings werden durch Menkhoff Bestimmungsfaktoren quasi-rationalen Verhaltens aufgestellt. Dies ist auch erforderlich, um dem Anspruch eines geschlossenen Gegenentwurfs zur traditionellen Finanzmarkttheorie gerecht zu werden. Dabei wird davon ausgegangen, dass an den Menschen allgemeine Verhaltenseigentümlichkeiten anhaften, die unabhängig von der Entscheidungssituation auftreten. Zudem handeln Menschen in komplexen Situationen oftmals fehlerhaft, was auf die Reduktion von Entscheidungsproblemen nach ihren Erfahrungen und Möglichkeiten zurückzuführen ist. Ferner ist das Handeln von Menschen nicht isoliert zu betrachten, da sie sich in einem sozialen Umfeld befinden und ihre Entscheidungen somit beeinflusst werden.[72]

Die Bestimmungsfaktoren quasi-rationalen Verhaltens hinsichtlich der allgemeinen menschlichen Verhaltenseigentümlichkeiten sind in der Tabelle 4.1 dargstellt.

Allgemeine Verhaltenseigentümlichkeiten	Selbstüberschätzung	• Illusion of Control • Overconfidence Bias
	Asymmetrische Präferenzausprägung	• Loss Aversion • Regret Avoidance • Risk-Return-Paradox
	Pfadabhängigkeit	• Sunk-cost-Effekt • Fairness

Tab.4.1 Bestimmungsfaktoren quasi-rationalen Verhaltens I
Quelle: Eigene Darstellung (in Anlehnung an Menkhoff (1995), S. 68.)

Die Selbstüberschätzung eines Anlegers ist analog zu dem beschriebenen Effekt in der Behavioral Finance zu sehen. Zusätzlich stellt die sogenannte Illusion of Control einen weiteren Faktor dar. Demnach verhalten sich die Anleger in unsicheren Entscheidungssituationen so, als wenn sie diese steuern bzw. kontrollieren könnten. Sie gehen davon aus, dass sie die Situation „im Griff" haben und entwickeln darauf basierend

---

[72] Vgl. Menkhoff (1995), S. 68.

Gefühle von eigener Wichtigkeit und Kompetenz. Im Falle eines Kontrollverlustes führt dies jedoch zu negativen Auswirkungen auf das Selbstbewusstsein eines Anlegers.[73]

In der Kategorie der asymmetrischen Präferenzausprägungen sind überdies Effekte aufgeführt, welche die Gewinn- und Verlustwahrnehmung von Anlegern beschreiben. Demzufolge ist es für Anleger wichtiger zu gewinnen, als zu verlieren, wie es mit den bereits genannten Effekten Loss Aversion und Regret Avoidance verdeutlicht wurde. Zudem besagt das sogenannte Risk-Return Paradox, dass ein negativer Zusammenhang zwischen erwarteter Rendite und Risiko besteht, was einen Widerspruch zur neoklassischen Kapitalmarkttheorie darstellt.[74]

Des Weiteren sind der bekannte Sunk-cost-Effekt sowie der Faktor Fairness in die Kategorie Pfadabhängigkeit einzuordnen. Unter Fairness wird eine Verbindung von zeitlich und kausal getrennten Entscheidungen eines Anlegers verstanden. Demnach werden Faktoren bei einer Entscheidung berücksichtigt, die eigentlich keine Bedeutung haben dürften, wie beispielsweise der Kaufkurs eines Wertpapiers.[75]

Darüber hinaus sind typische Reduktionen komplexer Entscheidungsprobleme von besonderer Bedeutung, um das spekulative Verhalten von Anlegern zu verstehen. Die dazugehörigen Bestimmungsfaktoren sind in der Tabelle 4.2 aufgeführt.

Typische Reduktion komplexer Entscheidungsprobleme	Reduzierte Informationsaufnahme	<ul><li>Selektive Wahrnehmung</li><li>Verfügbarkeit</li></ul>
	Vorgeprägte Informationseinordnung	<ul><li>Beharrungsvermögen</li><li>Verankerung</li><li>Gambler's Fallacy</li></ul>
	Vereinfachte Informationsstrukturierung	<ul><li>Extrapolation</li><li>Kasuistische Strukturierung</li><li>Regelgebundenes Verhalten</li></ul>

Tab.4.2: Bestimmungsfaktoren quasi-rationalen Verhaltens II
Quelle: Eigene Darstellung (in Anlehnung an Menkhoff (1995), S. 68.)

---

[73] Vgl. Oehler (1991), S. 13.
[74] Vgl. Menkhoff (1995), S. 69; Oehler (1991), S. 19.
[75] Vgl. Menkhoff (1995), S. 69.

Die Komplexitätsreduktionen von Entscheidungsproblemen spiegelt das Bedürfnis der Anleger nach Ordnung ihrer Umwelt wider. Demnach verfolgen Anleger bewährte Muster und betrachten die Realität aus einer subjektiven Perspektive. Diesbezüglich lassen sich drei Mechanismen der Informationsverarbeitung unterscheiden.[76] Unter der reduzierten Informationsaufnahme wird einerseits die selektive Wahrnehmung von Informationen verstanden. Anleger nehmen Informationen nicht unvoreingenommen wahr, sondern selektieren übereinstimmend mit ihren Erwartungshaltungen. Dies führt möglicherweise zu einer falschen Bekräftigung des eigenen Verhaltens. Andererseits nehmen Anleger Informationen wahr, die schneller und leichter zur Verfügung stehen. Dabei werden tendenziell neue Informationen übergewichtet sowie Erfahrungen und Handlungen aus dem Familien- und Bekanntenkreis berücksichtigt.[77]

Des Weiteren ist die vorgeprägte Informationseinordnung als zweiter Mechanismus zu nennen. Dabei sind hauptsächlich drei Effekte von Bedeutung. Zum einen setzen die Anleger neue Informationen nicht unvoreingenommen in Bezug zu den bestehenden Informationen, da diese in ein Schema eingeordnet werden. Dieses sogenannte Beharrungsvermögen hat eine Trägheit in der Informationsverarbeitung zur Folge und verhindert eine realistische Anpassung des Entscheidungsproblems an die Umwelt.[78] Zudem verwenden Entscheider einen selbst vorgegebenen Richtwert (Anker), um ein Entscheidungsproblem zu bewerten. Folglich werden neue Informationen lediglich verzerrt wahrgenommen und verarbeitet.[79] Darüber hinaus gehen Entscheider davon aus, dass nach einer Sequenz von gleichen Ereignissen die Wahrscheinlichkeit für das Auftreten eines anderen Ereignisses höher ist, obwohl die Ereignisse die gleiche Wahrscheinlichkeit besitzen. Dies wird auch Gambler's Fallacy genannt und lässt sich am Aktienmarkt beobachten. Hier sind viele Anleger der Meinung, dass nach steigenden Kursen am Aktienmarkt diese auch wieder fallen müssen.[80]

Abschließend wird die vereinfachte Informationsstrukturierung als dritter Mechanismus der Informationsverarbeitung betrachtet. Dabei extrapolieren Anleger bei kleineren Preisschwankungen das Kursniveau. Hingegen wird bei permanenten Änderungen die Kursänderung extrapoliert und dementsprechend verfolgen die Anleger einen Trend.[81] Des

---

[76] Vgl. Menkhoff (1995), S. 69.
[77] Vgl. Oehler (1991), S. 9; Schmidt (2004), S. 24f.
[78] Vgl. Oehler (1991), S. 10.
[79] Vgl. Shiller (2005), S. 148f; Oehler (1991), S. 11; Schmidt (2004), S. 26.
[80] Vgl. Johnson/Tellis/Macinnis (2005), S. 324f; Oehler (1991), S. 12.
[81] Vgl. De Long et al. (1990), S. 382.

Weiteren werden von einem Entscheider komplexe Probleme nicht in ihrer Gesamtheit gelöst, sondern in Hauptalternativen zerlegt, damit der Entscheider seine Erfahrungen entsprechend zuordnen kann. Dies wird als kasuistische Strukturierung bezeichnet. Zudem wird weniger nach einer optimalen Lösung gesucht, wenn die Kompetenz des Entscheiders stark von dem Schwierigkeitsgrad des Problems abweicht. Daher stützt sich der Entscheider hauptsächlich auf ein regelgebundenes Verhalten.[82]

Schließlich sind die Bestimmungsfaktoren quasi-rationalen Verhaltens hinsichtlich der sozialen Einflüsse auf Entscheidungen zu betrachten. Die einzelnen Faktoren sind in der Tabelle 4.3 aufgeführt.

Soziale Einflüsse auf Entscheidungen	Massenpsychologische Einflüsse	• Gruppendruck • Soziales Lernen • Information Sources-Effekt

Tab.4.3: Bestimmungsfaktoren quasi-rationalen Verhaltens III
Quelle: Eigene Darstellung (in Anlehnung an Menkhoff (1995), S. 68.)

Insbesondere professionelle Anleger befinden sich in einem Umfeld, in dem ein intensiver Informationsaustausch stattfindet sowie ein hoher Leistungsdruck herrscht. Dabei besteht eine ständige Unsicherheit über die Einschätzung von Wertpapieren. Infolgedessen sind soziale Faktoren von großer Bedeutung. Auch lassen sich Anleger von ihrer Umgebung beeinflussen und handeln im Extremfall entgegen des eigenen Wissens.[83] Shiller beschreibt dies wie folgt: „Investing in speculative assets is a social activity. Investors spend a substantial part of their leisure time discussing investments, reading about investments, or gossiping about others' successes or failures in investing. It is thus plausible that investors' behavior (and hence prices of speculative assets) would be influenced by social movements".[84]

Überdies wirken identische Informationen aus verschiedenen Quellen verstärkend auf das Vertrauen in die getroffene Entscheidung. Jedoch ist die tatsächliche Unabhängigkeit der verschiedenen Informationsquellen von geringer Bedeutung. Dieses Verhalten wird als Information Sources-Effekt bezeichnet.[85]

---

[82] Vgl. Menkhoff (1995), S. 70.
[83] Vgl. Menkhoff (1995), S. 70.
[84] Shiller (1984), S. 457.
[85] Vgl. Oehler (1991), S. 13.

Anhand der Bestimmungsfaktoren quasi-rationalen Verhaltens ist deutlich geworden, dass sich der Noise Trading-Ansatz um eine Einbeziehung des tatsächlich beobachtbaren Verhaltens bemüht. Zudem impliziert die Quasi-Rationalität das Agieren von mehreren Gruppen am Markt, die sich in ihrem Verhalten unterscheiden. Folglich eröffnet sich für den Noise Trading-Ansatz ein Raum von Möglichkeiten, der für die traditionelle Finanzmarkttheorie nicht zugänglich ist.[86]

4.1.2 Abgrenzung des Noise Trading

Eine Abgrenzung des Noise Trading-Ansatzes gegenüber der traditionellen Finanzmarkttheorie und konkurrierenden Ansätzen, die sich mit der Erklärung nicht-fundamentaler Kursbildung beschäftigen, wird von Menkhoff und Röckemann mit Hilfe von vier Merkmalen vorgenommen:[87]

- Merkmal 1: Erklärung fundamentaler und nicht-fundamentaler Kursbildung
- Merkmal 2: Erweitertes Rationalitätsverständnis (Quasi-Rationalität)
- Merkmal 3: Heterogene Anlegergruppen
- Merkmal 4: Empirische Evidenz für theoretische Hypothesen

Aufgrund der Merkmale 1 und 2 kann der Noise Trading-Ansatz von der traditionellen Finanzmarkttheorie abgegrenzt werden, da diese einen engen Rationalitätsbegriff verwendet und sich ausschließlich auf fundamentale Kursbildung bezieht. Demnach wird davon ausgegangen, dass sich alle Marktakteure rational verhalten. Zudem wird eine heterogene Anlegergruppe ausgeschlossen. Das möglicherweise weniger rationale Verhalten von Akteuren ist auch nicht von Bedeutung, da solche Akteure wegen ihrer suboptimalen Anlageergebnisse vom Markt verschwinden. Eine Beeinflussung des Marktergebnisses wird, wegen der kompensierenden Arbitrage der rationalen Marktakteure, demnach nicht angenommen.[88]

Darüber hinaus versuchen die sogenannten institutionellen Analysen eine andere Erweiterung der traditionellen Finanzmarkttheorie zu entwickeln. Diese beziehen das anomale Kursverhalten auf institutionelle Gegebenheiten und nicht auf das quasi-rationale

---

[86] Vgl. Menkhoff/Röckemann (1994), S. 279.
[87] Vgl. Röckemann (1995), S. 55.
[88] Vgl. Röckemann (1995), S. 55; Menkhoff/Röckemann (1994), S. 280.

Verhalten. Beispielsweise werden steuerliche Einflüsse auf das Anlegerverhalten untersucht, um die Überrendite von Wertpapieren im Januar zu begründen, was ja als Januar-Effekt bekannt ist und bereits erläutert wurde. Infolgedessen ist das Merkmal 2 nicht erfüllt.[89]

Des Weiteren ist der Noise Trading-Ansatz von wirtschaftspsychologischen Ansätzen, wie beispielsweise der Forschungsrichtung Behavioral Finance, abzugrenzen, da diese die Merkmale 1 und 4 nicht erfüllen. Es werden hier lediglich Tatsachen dargestellt, welche die Handlungen von Akteuren beeinflussen können. Zudem fehlt es bei den Erklärungen grundsätzlich an empirischen Beweisen.[90]

Ferner kann der Noise Trading-Ansatz von der Theorie der rationalen Bubbles abgegrenzt werde. Diese Theorie beinhaltet kein erweitertes Rationalitätsverständnis und nimmt die Bildung einer Preisblase, aufgrund von exogenen Kurssteigerungserwartungen, an. Hier werden nicht-fundamentale Kursbewegungen eher modelliert, als erklärt.[91]

Schließlich lassen sich sogenannte Informationsbubbles von dem Noise Trading-Ansatz abgrenzen. Camerer beschreibt diese Informationsbubbles wie folgt: „When traders have different information or different models of their economic world, it is possible for prices to deviate from intrinsic value (based on their pooled information) in what we might call ‚information bubbles'".[92] Dabei stellen die Informationsdivergenzen, welche auf unterschiedliche Arten der Informationsverarbeitung basieren, die Grundlage des Noise Trading-Ansatzes dar. Jedoch sind die Informationsbubbles das Ergebnis von uneinheitlichen Informationsverteilungen und nicht mit einem funktionierenden Markt in Einklang zu bringen. Des Weiteren wird kein erweitertes Rationalitätsverständnis verwendet und daher erfüllen die Informationsbubbles nicht das Merkmal 2.[93]

Nach diesen Abgrenzungen des Noise Trading-Ansatzes gegenüber konkurrierenden Erklärungen nicht-fundamentaler Kursbildung, wie es in der Tabelle 4.4 zusammenfassend dargestellt ist und in der die Erfüllung aller vier Merkmale durch den Noise Trading-Ansatz zum Ausdruck kommt, lassen sich, ausgehend von quasi-rationalem Verhalten, zwei Richtungen in der Literatur des Noise Trading unterscheiden. Dabei argumentiert die erste Richtung mit individuellen Verhaltensweisen, welche die Marktakteure unabhängig

---

[89] Vgl. Röckemann (1995), S. 55f; Menkhoff/Röckemann (1994), S. 280.
[90] Vgl. Röckemann (1995), S. 56; Menkhoff/Röckemann (1994), S. 280.
[91] Vgl. Menkhoff (1995), S. 62; Menkhoff/Röckemann (1994), S. 280.
[92] Camerer (1989), S. 25.
[93] Vgl. Röckemann (1995), S. 59; Menkhoff/Röckemann (1994), S. 280f.

voneinander aufweisen und die von der Erwartungsnutzentheorie abweichen. Zudem wird der Versuch einer Verknüpfung von individuellen Verhaltensweisen und am Markt beobachtbaren Anomalien unternommen. Diese Richtung wird im Weiteren als „individuell anomales Verhalten" bezeichnet. Die zweite Richtung argumentiert mit Verhaltensweisen von Marktakteuren, die abhängig voneinander sind und sich daher gegenseitig beeinflussen. Bezeichnet wird dies als „gruppen-interaktives Verhalten".[94] Nachfolgend werden diese zwei Richtungen erläutert, wobei insbesondere das gruppeninteraktive Verhalten näher beleuchtet wird.

Ansätze \ Merkmale	1	2	3	4
Institutionelle Analysen	♦			♦
Wirtschaftspsychologische Ansätze		♦	♦	
Rationale Bubbles	♦		♦	♦
Informationsbubbles	♦		♦	♦
Noise Trading	♦	♦	♦	♦

Tab.4.4: Abgrenzung des Noise Trading gegenüber konkurrierenden Ansätzen
Quelle: Eigene Darstellung (in Anlehnung an Röckemann (1995), S. 55.)

4.2 Ansätze des Noise Trading

4.2.1 Individuell anomales Verhalten

Diese Richtung beschäftigt sich mit dem Fehlverhalten des einzelnen Anlegers und den Auswirkungen des Verhaltens auf den Markt. Dabei ist das individuelle quasi-rationale Verhalten als systematisch und gleichgerichtet zu verstehen, da beispielsweise die Anleger in unterschiedlicher Stärke auf eine neue Information überreagieren. Diese Überreaktion bewegt sich jedoch stets in eine Richtung.[95]

Zudem werden hier systematische Verzerrungen bzw. Anomalien betrachtet, die eine nicht-fundamentale Kursbildung begründen können. Diese beobachtbaren Anomalien sind beispielsweise als der Winner/Loser-, Size-, Dispositions- und Januar-Effekt bekannt und

---

[94] Vgl. Röckemann (1995), S. 62; Menkhoff/Röckemann (1994), S. 281.
[95] Vgl. Röckemann (1995), S. 63.

wurden bereits explizit erläutert. Allerdings werden keine Rückkopplungseffekte berücksichtigt, sondern ausschließlich das individuelle Verhalten des einzelnen Anlegers. Die gegenseitigen Beeinflussungen der Marktakteure sind Gegenstand der Richtung des gruppen-interaktiven Verhaltens.[96]

4.2.2 Gruppen-interaktives Verhalten

Die Richtung des gruppen-interaktiven Verhaltens beschäftigt sich mit der Vorstellung, dass auf einem Markt heterogene Anlegergruppen existieren, die darüber hinaus miteinander interagieren. Dabei verfolgen die Modelle gruppen-interaktiven Verhaltens das Ziel, die Interaktion zwischen den Marktakteuren möglichst vollständig und ausführlich aufzuzeigen. Die Grundstruktur dieser Modelle soll zunächst erläutert werden, da diese bei den Modellen ähnlich ist.[97]

Dazu wird die Anlegerschaft grundsätzlich in mindestens zwei Gruppen zergliedert. Hier basiert die Entscheidung einer Anlegergruppe auf rationalen Erwartungen, während eine andere Anlegergruppe quasi-rational handelt, also sich auf verzerrte Wahrscheinlichkeitsverteilungen zukünftiger Erträge als Entscheidungsgrundlage stützt. Folglich stellt Noise die Basis ihres Handelns dar. Diese Noise Trader haben zwar den gleichen Zugang zu Informationen wie die rationale Anlegergruppe, jedoch handeln diese, bei einem engen Verständnis von Rationalität, quasi-rational. Ein bewusst irrationales Verhalten wird ihnen allerdings nicht unterstellt.[98]

Darauf basierend lassen sich zwei Modellierungsformen bei den Modellen gruppen-interaktiven Verhaltens unterscheiden, wie es in der Abbildung 4.1 dargestellt ist. Einerseits stellt das sogenannte unbestimmte Noise Trading-Verhalten eine Modellierungsform dar, die kein spezielles Noise Trading-Verhalten, wie beispielsweise Überreaktion, in die Modellierung integriert. Es findet lediglich eine Abgrenzung von quasi-rational handelnden Noise Tradern zu rationalen Anlegern statt. Andererseits werden in der zweiten Form der Modellierung spezielle Verhaltensweisen aufgenommen, die als quasi-rational gelten. Dies wurde bislang nur für das Positive Feedback Trading entwickelt.[99] Im Folgenden werden die zwei Modellierungsformen näher betrachtet.

---

[96] Vgl. Röckemann (1995), S. 63ff; Menkhoff/Röckemann (1994), S. 287ff.
[97] Vgl. Röckemann (1995), S. 69; Menkhoff/Röckemann (1994), S. 282f.
[98] Vgl. Unser (1999), S. 130; Röckemann (1995), S. 69.
[99] Vgl. Röckemann (1995), S. 70; Menkhoff/Röckemann (1994), S. 283.

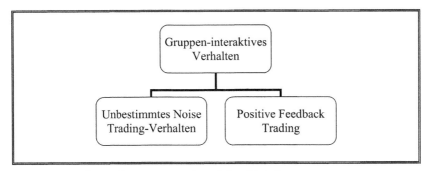

Abb.4.1: Modellierungsformen gruppen-interaktiven Verhaltens
Quelle: Eigene Darstellung (in Anlehnung an Menkhoff/Röckemann (1994), S. 284.)

4.2.2.1 Unbestimmtes Noise Trading-Verhalten

Hinsichtlich des unbestimmten Noise Trading-Verhaltens sind zwei Modelle zu erwähnen, die einerseits von Shiller im Jahre 1984 und von De Long et al. im Jahre 1990 entwickelt wurden und nachfolgend betrachtet werden.

In dem Modell von Shiller werden zwei Anlegergruppen differenziert. Zum einen führt Shiller als erster den „Ordinary Investor" ein, der später als Noise Trader bezeichnet wird und stellt diesem den „Smart Money Investor" gegenüber, der nach rational zu erwartenden Erträgen entscheidet. Dieser ist jedoch durch die Risikoaversion und das eigene Vermögen im Handeln beschränkt.[100] Zudem beschreibt er den Ordinary Investor wie folgt: „Ordinary investors have no model or at best a very incomplete model of the behavior of prices, dividends, or earnings of speculative assets".[101] Demnach entscheidet sich die Gruppe der Ordinary Investors abweichend von den rational zu erwartenden Erträgen. Zudem wird von ihnen keine bestimmte Verhaltensweise angenommen. Allerdings sieht Shiller die Auslöser dieser Abweichungen in Moden (Fads/Fashions) und Überreaktionen auf Neuigkeiten hinsichtlich Erträgen und Dividenden.[102] Des Weiteren beschreibt Shiller die Notwendigkeit der Einbeziehung des Verhaltens der Ordinary Investors in Prognosen, um mögliche Aktienkurse ableiten zu können. Ist die Nachfrage der Ordinary Investors schwankend, so lässt sich dies teilweise in zukünftige Aktienkurse übertragen.[103] Zudem geht Shiller davon aus, dass die Smart Money Investors nicht in der

---

[100] Vgl. Shiller (1984), S. 477.
[101] Shiller (1984), S. 477f.
[102] Vgl. Shiller (1984), S. 497.
[103] Vgl. Shiller (1984), S. 478f.

Lage sind, die durch die Ordinary Investors verursachten Kursschwankungen zu kompensieren. „However, in preventing large profit opportunities the smart money may not be preventing the ordinary investors from causing major swing in the market and even being the source of volatility in the market".[104]

Shiller legt mit diesem Ansatz den Grundstein für die systematische Einbeziehung von quasi-rationalem Verhalten in ein Preisbildungsmodell. Dabei verstärkt die abweichende Informationswahrnehmung und -verarbeitung die Volatilität von Aktienkursen. Zudem generieren die Stimmungsschwankungen der Noise Trader nicht-diversifizierbares Risiko, das der gesamte Markt zu tragen hat.[105]

In einem sogenannten Overlapping Generations Model unterscheiden De Long et al. ebenfalls zwei Anlegergruppen. Zum einen existieren in dem Modell „Sophisticated Investors", die rationale Erwartungen haben und zum anderen die „Noise Trader".[106] Dabei wird gezeigt, dass die Noise Trader nicht unbedingt wegen negativer Erträge vom Markt gedrängt werden.[107] Darüber hinaus ist eine große Divergenz zwischen den Marktpreisen und den Fundamentalwerten die Folge des Noise Trading. Demnach werden die Noise Trader für die Übernahme des Risikos, das sie selbst verursacht haben, mit höheren Erträgen gegenüber den Sophisticated Investors belohnt. Zudem behaupten De Long et al., dass das Verhalten von professionellen Arbitragehändlern als eine Antwort auf das Noise Trading zu betrachten ist und folglich das Handeln auf Basis von Fundamentalwerten an Bedeutung verliert.[108] Demzufolge ist das Verhalten der professionellen Arbitragehändler wie folgt zu verstehen: „Many professional arbitrageurs spend their resources examining and predicting the pseudosignals noise traders follow in order to bet against them more successfully. These pseudosignals include volume and price patterns, sentiment indices, and the forecast of Wall Street gurus".[109]

Die zweite Modellierungsform stellt das Positive Feedback Trading dar, welches in der Lage ist, dass Noise Trading spezieller zu beschreiben und im Folgenden vorgestellt wird.

---

[104] Shiller (1984), S. 498.
[105] Vgl. Röckemann (1995), S. 71; Menkhoff/Röckemann (1994), S. 284.
[106] Vgl. De Long et al. (1990a), S. 707.
[107] Vgl. De Long et al. (1990a), S. 717; De Long et al. (1991), S. 18.
[108] Vgl. De Long et al. (1990a), S. 735.
[109] De Long et al. (1990a), S. 735.

4.2.2.2 Positive Feedback Trading

Die wichtigste Form von Noise Tradern besteht aus den sogenannten Positive Feedback Tradern, die eine Trend Chasing-Strategie verfolgen. Dieses Positive Feedback bedeutet, dass Trader Aktien aufgrund von vorangegangenen Kurssteigerungen bzw. Kursrückgängen kaufen bzw. verkaufen.[110] Demgemäß sind es „traders whose demand is based on the history of past returns rather than the expectation of future fundamentals".[111] Es handelt sich also um eine prozyklische Anlagestrategie, um aus einem fortschreitenden Trend Gewinne zu erzielen, oder Verluste zu begrenzen. Demnach stellen die historischen Preisbewegungen die Basis der Erwartungen über zukünftige Kursentwicklungen dar. Dabei kann auch von extrapolativen Erwartungen gesprochen werden.[112]

Des Weiteren existieren zusätzliche Formen des Positive Feedback Trading, wie beispielsweise die sogenannten Stop Loss- und Stop Buy-Aufträge, die als eine spezielle Form limitierter Order zu betrachten sind. Hier werden Wertpapiere automatisch verkauft, wenn ein bestimmtes Limit unterschritten wird (Stop Loss-Aufträge) sowie Wertpapiere automatisch gekauft, falls ein bestimmtes Limit überschritten wird (Stop Buy-Aufträge).[113]

Darüber hinaus soll anhand des grundlegenden Modells von De Long et al. aus dem Jahre 1990 das Positive Feedback Trading näher beleuchtet werden. Hier werden drei verschiedene Anlegergruppen unterschieden, die in einem 4-Perioden-Modell miteinander interagieren. Einerseits bilden die Positive Feedback Trader eine Gruppe. Andererseits stellen die rationalen Anleger eine weitere Gruppe dar, die sich in die sogenannten rationalen Spekulanten und passiven Investoren aufteilen lassen. Dabei ergibt sich die Nachfrage der rationalen Spekulanten aus einer Maximierung des erwarteten Konsums in der Endperiode. Die passiven Investoren beziehen sich ausschließlich auf den Fundamentalwert einer Aktie. Demnach werden Aktien gekauft, wenn die Kurse niedriger als der erwartete Fundamentalwert sind und vice versa.[114]

Ferner werden zwei Anlagen gehandelt. Zum einen ist dies Bargeld, das ein unendlich elastisches Angebot aufweist, jedoch nicht verzinst wird sowie zum anderen eine Aktie, die begrenzt verfügbar ist und in der Endperiode eine risikobehaftete Dividende einbringt.

---

[110] Vgl. Shleifer/Summers (1990), S. 28.
[111] Cutler/Poterba/Summers (1990), S. 63.
[112] Vgl. De Long et al. (1990), S. 381f; Shleifer/Summers (1990), S. 28.
[113] Vgl. Shleifer/Summers (1990), S. 28.
[114] Vgl. De Long et al. (1990), S. 384.

Diese besteht aus einem Zufallsanteil sowie einem festen positiven, oder einem gleich hohen negativen Wert. Die Dividendenzahlung kann allerdings auch 0 betragen.[115] Dabei erhalten die rationalen Spekulanten ein ungestörtes bzw. gestörtes Signal über den Wert des festen Dividendenanteils vor den anderen Anlegergruppen, was von der Modellvariante abhängig ist. Ein gestörtes Signal beinhaltet für den rationalen Spekulanten nur eine Information über die Wahrscheinlichkeit des festen Dividendenanteils. Demnach entspricht der Aktienpreis in der Anfangsperiode seinem fundamentalen Wert von 0 und in der Endperiode der Dividendenzahlung.[116]

Geht man von einem festen, positiven Dividendenanteil aus, so zeigt sich im Modell eine Preisblase. Hier übersteigt der Aktienkurs in der zweiten und dritten Periode des Modells den Fundamentalwert der Anfangsperiode von 0. In der Endperiode entspricht der Aktienkurs schließlich wieder dem Fundamentalwert. Dabei sind verschiedene Preispfadverläufe zu unterscheiden, die sich aus der Art des Signals an die rationalen Anleger ergeben. Bei einem störungsfreien Signal ist den rationalen Spekulanten der erwartete Fundamentalwert bekannt. Folglich besteht eine risikolose Möglichkeit der Arbitrage, da sich die Nachfrage der Positive Feedback Trader sowie der passiven Investoren lediglich auf den Aktienkurs und den erwarteten Fundamentalwert der vorangegangen Periode bezieht.[117] Liegt jedoch ein gestörtes Signal vor, so ist die Arbitrage für die rationalen Anleger mit einem Risiko behaftet. Daher sind die Spekulationen auf Kurserhöhungen begrenzt, aber trotzdem positiv. Infolgedessen verläuft der Preispfad bei einem gestörten Signal unterhalb des Preispfades eines ungestörten Signals.[118]

Aufgrund von Erwartungen über das Verhalten der Positive Feedback Trader sowie der passiven Investoren, treiben die rationalen Spekulanten den Aktienkurs nach oben. Dies führt in der Folgeperiode zu Kaufaktivitäten der Positive Feedback Trader. Dabei basiert der Aktienanstieg größtenteils auf dem antizipativen Verhalten einer Anlegergruppe sowie der Reaktion einer anderen Anlegergruppe auf dieses Verhalten. Dementsprechend entsteht in diesem Modell durch rationale Spekulationen eine Preisblase.[119]

---

[115] Vgl. De Long et al. (1990). S. 384.
[116] Vgl. De Long et al. (1990), S. 386f.
[117] Vgl. De Long et al. (1990), S. 387f.
[118] Vgl. De Long et al. (1990), S. 388f.
[119] Vgl. De Long et al. (1990), S. 392f.

Infolgedessen ist das Verhalten der Positive Feedback Trader als typisches Herdenverhalten zu betrachten, das aufgrund der Gleichrichtung eine trendverstärkende Wirkung hat.[120] Unter diesem sogenannten Herding versteht man die Auswahl einer Handlungsalternative durch einen Akteur, die eine Imitation des Verhaltens von anderen darstellt, obwohl dieser auf Grundlage der eigenen Informationen eine andere Entscheidung getroffen hätte. Dabei sind die Anreize für ein solches gleichgerichtetes Verhalten in ökonomischen Herding-Modellen Informationen, Zahlungen und Reputationsüberlegungen.[121]

Bei Modellen, die auf Informationsexternalitäten und Informationskaskaden basieren, steht die Auswahl von möglichen Handlungsalternativen der Akteure im Mittelpunkt. Hier sind die Informationen der Akteure über die optimale Auswahl einer Alternative unvollkommen und können auch nicht von anderen Akteuren beobachtet werden. Es besteht lediglich die Möglichkeit, aus den vorangegangenen Handlungen der Akteure, indirekt auf die individuellen Informationen zu schließen, die Auslöser für vergangene Handlungen waren. Demzufolge entsteht Herding dadurch, dass es für die Akteure individuell optimal ist, die vergangenen Handlungen zu berücksichtigen, um eine optimale Handlungsalternative auszuwählen. Dabei sind die indirekt erlangten Informationen so dominant, dass die eigenen individuellen Informationen lediglich eine geringe Beachtung finden und verstärkt den Vorgängern gefolgt wird. Die Entscheidungen und Handlungen der Akteure beeinflussen zudem die nachfolgenden Akteure in ihrer Entscheidungsfindung. Dieser Informationseffekt wird auch als Informationsexternalität bezeichnet.[122] Des Weiteren ist ein Extremfall des Herdenverhaltens darin zu sehen, dass nach dem Beginn einer Entscheidungssequenz keine zusätzlichen Informationen hinzugefügt werden, was als Informationskaskade bezeichnet wird. Folglich findet keine Veränderung des Informationsstandes der Akteure statt.[123] „Consequently, a cascade once started will last forever, even if it is wrong".[124]

Die ersten Modelle, die sich mit dem beschriebenen Informations-Herding beschäftigten, wurden im Jahre 1992 von Banerjee sowie von Bikhchandani, Hirshleifer und Welch entwickelt.[125]

---

[120] Vgl. Röckemann (1995), S. 78; Menkhoff/Röckemann (1994), S. 286.
[121] Vgl. Hoffmann (2001), S. 197.
[122] Vgl. Hoffmann (2001), S. 61; Redding (1996), S. 12f.
[123] Vgl. Banerjee (1992), S. 799; Bikhchandani/Hirshleifer/Welch (1992), S. 1000.
[124] Bikhchandani/Hirshleifer/Welch (1992), S. 1000.
[125] Vgl. Hoffmann (2001), S. 62.

4.3 Soziale Dimension der Informationstransformation und –interpretation

Hingegen grenzt sich Shiller entschieden vom Informations-Herding ab, indem er die Kontextualität und Regelorientierung von Kommunikationsprozessen in den Vordergrund stellt. Daneben hebt er die Notwendigkeit einer Interpretation sowie die soziale Anschlussfähigkeit von Informationen hervor. Das mögliche Verstehen und die kommunikative Anschlussfähigkeit einer Information sind insbesondere von den kontextspezifischen Konversationsregeln abhängig.[126] „The topic of whether the national debt should be regarded as wealth is just not suitable for discussions outside of economics department coffee hours, as is the topic of how much we should diversify our portfolios and hedge risk".[127]

Darüber hinaus können nicht nur die kontextspezifischen Konversationsregeln als wichtig betrachtet werden. Beispielsweise hebt die Ökonomin Männel die Wichtigkeit der Bedeutungen von Worten bzw. Wortkombinationen und Sätzen (sprachliche Zeichen) für eine Sprachgemeinschaft hervor. Die sprachlichen Zeichen werden hier durch den Verwendungskontext sowie dem Regelsystem, in dem diese verwendet werden, festgelegt. Durch die regelhafte Verwendung der sprachlichen Zeichen wird die Bedeutung für die Sprachgemeinschaft zum Ausdruck gebracht. Dabei muss sich ein Individuum an die Sprachspielregeln halten, um in einer Sprachgemeinschaft verstanden zu werden. Sollte sich ein Mitglied der Sprachgemeinschaft jedoch nicht an die Sprachspielregel halten, so wird dieser Regelbrecher sanktioniert, damit die Stabilität der Zeichenverwendung erhalten bleibt. Eine Sanktionierung wird nur dann nicht vollzogen, wenn sich durch die abweichende Zeichenverwendung die Möglichkeit einer erfolgreicheren sozialen Handlung eröffnet. Infolgedessen ist der regelhafte Zeichengebrauch an die Gruppe gebunden. Zudem kann sich ein bestimmtes Zeichen nur langsam in seiner Bedeutung verändern, wenn es Gegenstand des gemeinsamen Gebrauches einer Sprachgemeinschaft geworden ist.[128]

Weiterhin merkt Shiller an, dass unterschiedliche Gruppen „have different tendencies – different in terms of conversation patterns as well as circumstances promoting informational cascades – to transmit certain kinds of information and thereby place it in

---

[126] Vgl. Shiller (1995), S. 183f.
[127] Shiller (1995), S. 184.
[128] Vgl. Männel (2002), S. 440f.

their collective memories".[129] Dabei unterscheidet es sich gruppenspezifisch erheblich, welche Art von Reiz eine Informationskaskade bzw. ein Herding auslöst. „Moreover, stimuli to conversation are different across groups; each group has its own reminders of conversation topics".[130]

Im Folgenden sollen die Handlungen und Verhaltensweisen von Händlern, die als eine Gemeinschaft in Handelsräumen von Investment Banken tätig sind, explizit beleuchtet werden. Für diese Händlergemeinschaft soll das Konzept der Communities of Practice den Rahmen darstellen, das nachfolgend ausführlich vorgestellt wird, um darauf basierend die Entwicklungsphasen eines Händlers sowie das Verhalten der Akteure innerhalb einer Trading Community aufzeigen zu können, wobei der Handelsraum als ein sozialer Raum betrachtet werden soll. Zudem wird abschließend dargelegt, in welcher Art und Weise die Händler ihre Geschäftsbeziehungen pflegen.

---

[129] Shiller (1995), S. 185.
[130] Shiller (1995), S. 185.

5 Trader als eine Community of Practice

5.1 Communities of Practice

Für das Konzept der Communities of Practice existiert in der Literatur eine Vielzahl von Definitionen, die sich mit Hilfe von unterschiedlichen Kriterien typologisieren und abgrenzen lassen. Eine Auswahl von Definitionen und Abgrenzungsmöglichkeiten werden nachfolgend dargestellt. Darüber hinaus werden zwei ausgewählte Strukturmodelle für Communities, die Rollen innerhalb sowie der Lebenszyklus einer Community näher erläutert.

5.1.1 Definitionen

Anhand von vier ausgewählten Definitionen sollen die unterschiedlichen Aspekte und die Gemeinsamkeiten von Communities of Practice verdeutlicht werden. Zu Beginn ist die Definition von McDermott zu nennen, die wie folgt lautet: „Communities of practice are groups who share ideas and insights, help each other solve problems and develop a common practices. They are particularly useful in team-based organizations, where people have most contact with team mates from other disciplines".[131]

In ähnlicher Weise definiert Henschel eine Community of Practice. Allerdings werden in dieser Definition zusätzlich die sozialen Beziehungen und Werte betont: „Eine Community of Practice ist eine Gruppe von Personen, die inhaltlich durch ein gemeinsames Interesse, eine gemeinsame Tätigkeit oder ein gemeinsames Bestreben sowie durch soziale Beziehungen und Werte miteinander verbunden sind. Im Zentrum der Aktivitäten von Communities of Practice stehen der Austausch von Ideen, Einsichten und Erkenntnissen, das gemeinsame Lernen sowie die gegenseitige Hilfe und Unterstützung".[132]

Eine prägnante Definition formulieren Wenger et al.: „Communities of practice are groups of people who share a concern, a set of problems, or a passion about a topic, and who deepen their knowledge and expertise in this area by interacting on an ongoing basis".[133]

Die letzte zu erwähnende Definition von Mohr, Freudenthaler und Hofer-Alfeis, welche den Wissenstransfer über die Grenzen von Organisationseinheiten sowie den Face-to-face-

---

[131] McDermott (1999), S. 26.
[132] Henschel (2001), S. 49.
[133] Wenger/McDermott/Snyder (2002), S. 4.

und auch den virtuellen Charakter einer Beteiligung betont, lautet folgendermaßen: „Eine [...] Community ist eine Gruppe von Personen, die auf Basis eines gemeinsamen Interesses und Wissens zu einem geschäftsrelevanten Themengebiet über die Grenzen von Organisationseinheiten hinweg Wissen austauschen und entwickeln und sich gegenseitig unterstützen. Durch die Zusammenarbeit - die virtuellen und Face-to-face-Charakter haben kann - verfolgen die Beteiligten sowohl individuelle als auch geschäftliche Ziele".[134]

Anhand der aufgeführten Definitionen wurden verschiedene Aspekte der Communities of Practice verdeutlicht. Grundlegend sind Communities of Practice als eine Gruppe von Personen zu verstehen. Dabei sind Gemeinsamkeiten in den Definitionen zu erkennen, wie beispielsweise der Wissensaustausch, der als Austausch von Erfahrungen, Entwicklung von Problemlösungen und Lernen in unterschiedlicher Weise konkretisiert wird. Zudem wird in den Definitionen die Basis der Community-Mitglieder darin gesehen, dass diese gemeinsame Interessen verfolgen und aufgrund der gegenwärtigen Situation und den aktuellen Bedürfnissen aneinander gebunden sind und sich gegenseitig unterstützen.[135]

Die Definitionen von Henschel sowie von Mohr, Freudenthaler und Hofer-Alfeis sollen für die Trader-Community, die im späteren Verlauf explizit charakterisiert und erläutert wird, berücksichtigt werden, da diese hierfür am aussagekräftigsten sind und insbesondere durch Henschel die sozialen Beziehungen und Werte betont werden sowie Mohr, Freudenthaler und Hofer-Alfeis auf den virtuellen Charakter einer Community-Beteiligung aufmerksam machen.

5.1.1.1 Differenzierungen und Typologien

In der Literatur sind viele Konzepte zu finden, die sich mit den Typen von Communities beschäftigen. Daher werden nachfolgend die zentralen Typologien erläutert, die in der Tabelle 5.1 zusammenfassend aufgeführt sind und sich nach den Differenzierungskriterien Nutzung der Kommunikationskanäle, Zweck der Community, Formalisierungsgrad, Beziehungen zur Organisation und Grenzen der Community unterscheiden lassen. Diese unterschiedlichen Dimensionen der Typologien haben zur Folge, dass eine Community mehreren Typen parallel zugeordnet werden kann.[136]

---

[134] Mohr/Freudenthaler/Hofer-Alfeis (2002), S. 551.
[135] Vgl. Frost (2005), S. 25f.
[136] Vgl. Frost (2005), S. 28.

Differenzierungskriterium	Community Typen
Nutzung der Kommunikationskanäle	• Face-to-Face Communities • Virtuelle Communities
Zweck der Community	• Helping Communities • Best Practice Communities • Knowledge Stewarding Communities • Innovation Communities
Formalisierungsgrad	• Informelle Communities • Unterstützte Communities • Strukturierte Communities
Beziehung zur Organisation	• Unerkannte Communities • Eingeschränkt sichtbare Communities • Legitimierte Communities • Unterstützte Communities • Institutionalisierte Communities
Grenzen der Community	• Communities innerhalb einer Geschäftseinheit • Communities innerhalb des Unternehmens (mit mehreren Geschäftseinheiten) • Unternehmensübergreifende Communities

Tab.5.1: Typologien von Communities
Quelle: Eigene Darstellung (in Anlehnung an Frost (2005), S. 29.)

Hinsichtlich der Nutzung der Kommunikationskanäle lassen sich zwei Typen von Communities unterscheiden. Hier werden Communities, deren Mitglieder sich in persönlichen Treffen („Face-to-Face Meetings") austauchen, von Communities abgegrenzt, in denen virtuell kommuniziert wird. Dabei stellt das entscheidende Abgrenzungskriterium für die Unterscheidung die Internetbasiertheit bzw. die Nutzung von elektronischen Medien der virtuellen Communities dar.[137] Allerdings schließen sich diese Typen nicht gegenseitig aus, da viele Communities beide Kommunikationskanäle nutzen, um Vorteile aus beiden Möglichkeiten zu erlangen. Infolgedessen sind die Grenzen zwischen Face-to-Face und virtuellen Communities als fließend zu betrachten.[138]

Des Weiteren lassen sich die Communities nach ihrem Zweck unterscheiden. Das American Productivity & Quality Center (APQC) differenziert dazu nach dem Primärzweck der verschiedenen Community-Typen. Demnach werden vier verschiedene

---
[137] Vgl. Frost (2005), S. 29; North/Franz/Lembke (2004), S. 43.
[138] Vgl. Frost (2005), S. 30.

Communities aufgeführt: Helping, Best-Practice, Knowledge Stewarding und Innovation Communities.[139]

Im Mittelpunkt der Helping Communities stehen die gegenseitige Hilfestellung bei alltäglichen Problemen und die Anteilnahme bei spontanen Ideen der Mitglieder. Dabei sind diese Communities auf die Verknüpfung der Mitglieder fokussiert, um spezifische Probleme lösen zu können sowie ein Kennenlernen der verschiedenen Mitglieder zu ermöglichen, damit diese auf das jeweilige Expertenwissen zurückgreifen können. Das gegenseitige Verständnis der unterschiedlichen Perspektiven der Mitglieder bildet die Voraussetzung für eine Vertrauensbasis, die informelle Diskussionen über Praktiken und Probleme ermöglicht.[140]

Der Schwerpunkt der Best-Practice Communities liegt auf der Entwicklung, Validierung und Verbreitung von spezifischen Praktiken. Im Gegensatz zu den Helping Communities, bei der sich die Mitglieder auf das gemeinsame Wissen beziehen, um neue Verfahren zu bekräftigen, besitzen die Best-Practice Communities, zur Bestätigung der Effektivität und des Nutzens von neuen Verfahren, einen spezifischen Prozess. Zudem sollen die Mitglieder kontinuierlich neue Praktiken entwickeln und implementieren und nicht nur aufgrund von einzelnen Problemen mit Mitgliedern in Kontakt treten, wie es in den Helping Communities der Fall ist. Zusätzlich werden die validierten Praktiken in Form von Dokumenten den Mitgliedern der Community zur Verfügung gestellt.[141]

Darüber hinaus sehen die Knowledge Stewarding Communities ihre Rolle nicht nur in der Dokumentation und gemeinsamen Nutzung von Praktiken, sondern in der Organisation, Verwaltung und Verbreitung des kollektiven Wissens der Community. Dazu wird das Wissen regelmäßig aktualisiert und erweitert.[142]

Schließlich liegt die primäre Intention der Innovation Communities in der Entwicklung von innovativen Idee und Praktiken. Auch wenn andere Communities ebenfalls Neuerungen einführen, so sind die Innovation Communities überdies bestrebt, unerwartete Ideen und Innovationen zu fördern. Dabei sind sie den Helping Communities ähnlich. Es werden jedoch die Organisationsgrenzen überschritten, um unterschiedliche Perspektiven einzubeziehen.[143]

---

[139] Vgl. APQC (2000), S. 32.
[140] Vgl. APQC (2000), S. 33.
[141] Vgl. APQC (2000), S. 33.
[142] Vgl. APQC (2000), S. 34.
[143] Vgl. APQC (2000), S. 34.

Des Weiteren lassen sich Communities hinsichtlich des Formalisierungsgrades differenzieren. Demnach existieren informelle, unterstützte und strukturierte Communities. Die informellen Communities konstituieren sich durch Mitarbeiter, die sich über Themenbereiche ihrer Arbeit austauschen wollen. Diese sind nicht formal organisiert und besitzen lediglich einfache Strukturen. Daneben stellen die unterstützten Communities eine erweiterte Form der Communities dar, die teilweise von einem Sponsor finanzielle Unterstützung erhalten. Zudem steht bei der Entwicklung neuen Wissens eine stärkere Zweckorientierung im Mittelpunkt. Außerdem wird eine Erweiterung der eigenen Fähigkeiten angestrebt. Letztlich sind die strukturierten Communities zu nennen, die sich mit ihren Tätigkeiten an den strategischen Zielen des Unternehmens orientieren. Hier leisten die hochmotivierten Mitglieder einen essentiellen Beitrag zur Leitung des Unternehmens.[144]

Ferner lassen sich die Communities nach der Art ihrer Beziehung zu den Organisationen unterscheiden. Wenger et al. differenzieren fünf Typen, die nachfolgend aufgeführt sind.

Art der Beziehung	Definition	Typische Herausforderungen
„Unerkannt"	Die Community ist für die Organisation und teilweise sogar für die Mitglieder unsichtbar	Wert ist schwierig zu erkennen; nicht jeder Mitarbeiter ist involviert, der teilnehmen sollte
„Eingeschränkt sichtbar"	Die Community ist nur für „Eingeweihte" sichtbar	Beschaffung von Ressourcen; Einfluss besitzen; sich versteckt halten; Legitimierung erlangen
„Legitimiert"	Die Community wird offiziell als eine wertvolle Einheit betrachtet	weitgehende Sichtbarkeit; schnelles Wachstum; neue Anforderungen und Erwartungen
„Unterstützt"	Der Community werden Ressourcen der Organisation direkt zur Verfügung gestellt.	Prüfung und Rechenschaftspflicht für die Benutzung von Ressourcen; kurzzeitiger Druck
„Institutionalisiert"	Die Community hat von der Organisation einen offiziellen Status und eine Funktion erhalten	Feste Definition; Übermanagement; wird möglicherweise am Leben erhalten, wenn sie nutzlos ist

Tab.5.2: Beziehungen der Communities zu offiziellen Organisationen
Quelle: Eigene Darstellung (in Anlehnung an Wenger/McDermott/Snyder (2002), S. 28.)

---

[144] Vgl. Saint-Onge/Wallace (2003), S. 35ff.

Die Tabelle 5.2 zeigt, dass Communities of Practice unterschiedliche Beziehungen zu den offiziellen Organisationen besitzen. Dabei lassen sich verschiedene Grade der institutionellen Involvierung erkennen. „Unerkannt" stellt die schwächste Form der Einbeziehung dar, während „Institutionalisiert" die vollständige und offizielle Integration einer Community in die Organisation beschreibt. Diese Unterteilung nach unterschiedlichen Graden der institutionellen Involvierung bedeutet nicht, dass die Art der Beziehung einer Community besser bzw. fortschrittlicher gegenüber einer anderen ist. Vielmehr soll diese Differenzierung auf die möglichen Erscheinungsformen von Communities aufmerksam machen und die Beziehung zur offiziellen Organisation verdeutlichen.[145] Des Weiteren beschreiben Wenger et al. typische Herausforderungen, mit denen sich die Communities, je nach Art der Beziehung zur offiziellen Organisation, konfrontiert sehen, wie es in der Tabelle 5.2 dargstellt ist.

Letztlich lassen sich Communities of Practice hinsichtlich ihrer Grenzen differenzieren. Wenger et al. unterscheiden hier zwischen drei Typen. Einerseits kann sich eine Community lediglich innerhalb einer Geschäftseinheit befinden. Andererseits kann die Community sich über mehrere Business Units innerhalb des Unternehmens erstrecken. Schließlich existieren unternehmensübergreifende Communities, die sich nicht nur auf Mitglieder des Unternehmens stützen.[146]

Auf Grundlage dieser Differenzierungen und Typologien lässt sich eine Trader-Community folgenden Community Typen am ehesten zuordnen: Face-to-Face und virtuelle Communities, Helping Communities, informelle und strukturierte Communities, eingeschränkt sichtbare Communities und Communities innerhalb einer Geschäftseinheit/des Unternehmens sowie unternehmensübergreifende Communities. Diese Zuordnung einer Trader-Community soll als ein Anhaltspunkt dienen, um diese spezifischer charakterisieren zu können. Eine genaue Zuordnung gestaltet sich jedoch schwierig, da Communities of Practice im Allgemeinen nicht explizit festgelegt sind und einem stetigen Wandel unterliegen.

Des Weiteren wird nachfolgend eine Abgrenzung der Communities of Practice zu anderen Organisationsformen, wie der formalen Arbeitsgruppe, dem Projektteam und dem informellen Netzwerk, vorgenommen, um die Bedeutung der verschiedenen Begrifflichkeiten zu verdeutlichen, da diese teilweise synonym verwendet werden.[147]

---

[145] Vgl. Wenger (1998), S. 3.
[146] Vgl. Wenger/McDermott/Snyder (2002), S. 26; Wenger (2000), S. 209f.
[147] Vgl. Frost (2005), S. 33.

5.1.1.2 Abgrenzung zu anderen Organisationsformen

Nach Wenger, McDermott und Snyder kann eine Community of Practice deutlich von einer formalen Arbeitsgruppe abgegrenzt werden, da diese die Verantwortung für die Erreichung der Geschäftsziele als ihre Kernaufgabe betrachtet. Dies beinhaltet die Bedienung der spezifischen Marktsegmente sowie die Herstellung von Produkten und administrative Funktionen. Dabei werden Ressourcen zugeteilt und Geschäftsprozesse koordiniert sowie formale Rollen festgelegt. Hingegen besteht der Zweck einer Community of Practice in der Entwicklung und Verbreitung von Wissen sowie in der Förderung des Lernens. Zudem besteht lediglich eine lockere und informelle Verbindung zwischen den Mitgliedern, auch wenn die Community of Practice in einem hohen Maße institutionalisiert ist.[148]

Des Weiteren besteht das Engagement eines Projektteams im Wesentlichen in einer Reihe von Aufgaben, die voneinander anhängig sind und einem übergeordneten Ziel dienen. Dabei fokussiert sich der Teamführer auf die Erreichung der Ziele und koordiniert die individuellen Beiträge zu dem übergeordneten Ziel. Dagegen ist das Wesentliche einer Community of Practice in dem persönlichen Beitrag der Mitglieder in die Wissensdomäne zu betrachten. Demnach unterscheidet sich die Wissensdomäne einer Community of Practice von der Aufgabe eines Projektteams. Die Mitglieder sind hier aufgrund des voneinander abhängigen Wissens verbunden und nicht wegen voneinander abhängigen Teilaufgaben. Darüber hinaus wird eine Community of Practice nicht von einem Community Koordinator geführt, sondern dieser bringt lediglich die Menschen zusammen und bietet Unterstützung bei der Richtungsfindung an.[149]

Schließlich grenzen Wenger, McDermott und Snyder eine Community of Practice von einem informellen Netzwerk ab. Jede Organisation hat informelle Netzwerke in denen die Menschen kommunizieren, Wissen austauschen und Beziehungen aufbauen. Eine Community of Practice unterscheidet sich jedoch insoweit, dass es sich hierbei nicht um einfache Beziehungen handelt, sondern um eine Wissensdomäne der Mitglieder, die eine gemeinsame Identität hervorbringt. Diese Wissensdomäne sowie das Engagement der Mitglieder bei der Pflege der Wissensdomäne, führen zu einer Festigkeit, die über die Grenzen eines informellen Netzwerkes geht.[150]

---

[148] Vgl. Wenger/McDermott/Snyder (2002), S. 42f.
[149] Vgl. Wenger/McDermott/Snyder (2002), S. 43.
[150] Vgl. Wenger/McDermott/Snyder (2002), S. 43.

Die Tabelle 5.3 verdeutlicht die Abgrenzungskriterien der genannten Organisationsformen gegenüber einer Community of Practice.

	Worin besteht der Zweck?	Wer gehört dazu?	Was hält die Mitglieder zusammen?	Wie lange besteht die Gruppe?
Community of Practice	Fähigkeiten der Mitglieder entwickeln; Wissen aufbauen und austauschen	Mitglieder finden sich selbst zusammen	Leidenschaft, Engagement und Identifikation mit Expertenwissen der Gruppe	So lange ein Interesse an der Aufrechterhaltung besteht
Formale Arbeitsgruppe	Bereitstellung von Produkten und Dienstleistungen	Jeder, der dem Gruppenleiter unterstellt ist	Arbeitsanforderungen und gemeinsame Ziele	Bis zur nächsten Reorganisation
Projektteam	Erfüllung einer spezifischen Aufgabe	Jeder, der dem Team vom Management zugeteilt wird	Die Meilensteine und Ziele des Projekts	Bis zum Abschluss des Projekts
Informelles Netzwerk	Sammlung und Weiterleitung von Geschäftsinformationen	Freunde und geschäftlicher Bekanntenkreis	Gegenseitige Bedürfnisse	Solange die Beteiligten einen Grund haben in Kontakt zu bleiben

Tab.5.3: Abgrenzung von Communities of Practice zu anderen Organisationsformen
Quelle: Eigene Darstellung (in Anlehnung an Wenger/Snyder (2000), S. 142.)

Im Folgenden werden zwei Strukturmodelle vorgestellt, welche die Struktur einer Community beschreiben sowie Gestaltungsempfehlungen, unter Berücksichtigung des organisationalen Kontexts, geben können. Zum einen handelt es sich hierbei um das Strukturmodell von Wenger und zum anderen um das dreidimensionale Community-Modell von McDermott.

5.1.2 Strukturmodelle für Communities

5.1.2.1 Strukturmodell von Wenger

Wenger beschreibt die Struktur einer Community of Practice anhand von drei Elementen: die Wissensdomäne (Domain), die Gemeinschaft von Personen (Community) und die gemeinsamen Praktiken (Practice).[151]

Die Wissensdomäne (Domain) definiert den Themenbereich und bringt die Mitglieder zusammen. Diese stellt die Basis der Community dar und prägt eine gemeinsame Identität. Dabei werden die Mitglieder angeregt, sich aktiv an der Community zu beteiligen und einen Beitrag zu leisten. Zugleich steuert die Wissensdomäne den Lernprozess der Mitglieder und verleiht deren Handlungen eine Bedeutung. Aufgrund der Eingrenzung des Themenbereichs und des aktuellen Wissensstandes der Community, können die Mitglieder abschätzen, welche Beiträge für die Community wertvoll sind sowie welche Aktivitäten verfolgt werden müssen und wie Ideen präsentiert werden sollten.[152]

Die Gemeinschaft von Personen (Community) stellt das zweite Element des Strukturmodells dar, das die sozialen Beziehungen zwischen den Mitgliedern verdeutlichen soll. Demnach werden durch eine starke Community die Interaktionen und Beziehungen gefördert, die auf gegenseitigem Respekt und Vertrauen beruhen. Dadurch steigt die Bereitschaft der Mitglieder, Ideen mit anderen zu teilen und auch schwierige Fragen zu stellen sowie anderen Aufmerksamkeit zu schenken.[153]

Das dritte Element des Strukturmodells sind die gemeinsamen Praktiken (Practice), die das gesamte Wissen der Community darstellen, welches in dieser getauscht, aufrechterhalten und weiterentwickelt wird. Dieses Wissen findet sich in Ideen, Werkzeugen, Informationen, Ausdrucksweisen, der Sprache und in Geschichten sowie in Dokumenten wieder. Dadurch werden ein gemeinsames Verständnis unter den Mitgliedern und eine Basis für die Zusammenarbeit geschaffen. Dabei wird davon ausgegangen, dass sich alle Mitglieder das Grundlagenwissen der etablierten Community angeeignet haben, um schließlich effizient in der Wissensdomäne fortschreiten zu können.[154]

---

[151] Vgl. Wenger (2004), S. 3.
[152] Vgl. Wenger/McDermott/Snyder (2002), S. 27f.
[153] Vgl. Wenger/McDermott/Snyder (2002), S. 28f; Wenger (2004), S. 3.
[154] Vgl. Wenger/McDermott/Snyder (2002), S. 29; Wenger (2004), S. 3.

Darüber hinaus ist die parallele Entwicklung der drei Elemente von besonderer Wichtigkeit, da die Fokussierung auf ein Element, während die anderen beiden vernachlässigt werden, kontraproduktiv ist. Demzufolge sind die drei Elemente in einer ausbalancierten Art und Weise zu entwickeln. Dabei ist zu berücksichtigen, dass jedes einzelne Element eine unterschiedliche Beachtung bei der Entwicklung erfordert.[155]

Falls diese drei Elemente miteinander in Einklang stehen sollten, so kann eine Community of Practice als die ideale Wissensstruktur betrachtet werden. Es ist zudem auch eine ideale Sozialstruktur, welche die Verantwortung für die Entwicklung und Verbreitung des Wissens trägt.[156]

5.1.2.2 Dreidimensionales Community-Modell von McDermott

McDermott ordnet die Communities mit Hilfe von drei Dimensionen ein, die in der Abbildung 5.1 dargestellt sind.

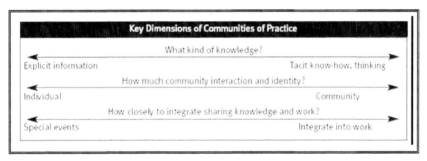

Abb.5.1: Schlüsseldimensionen von Communities of Practice
Quelle: McDermott (1999), S. 29.

In der ersten Dimension unterscheidet McDermott zwischen dem Austausch von implizitem und explizitem Wissen. Unter implizitem Wissen versteht man beispielsweise technische Ratschläge, Ideen, Interpretationen und Besprechungen. Dabei sind für den Austausch von implizitem Wissen etwa informelle Meetings geeignet, während der Austausch von explizitem Wissen, in Form von Dokumentation und Archivierung, auf einer gemeinsamen Plattform stattfindet. Da die meisten Communities implizites und

---

[155] Vgl. Wenger/McDermott/Snyder (2002), S. 46.
[156] Vgl. Wenger/McDermott/Snyder (2002), S. 29.

explizites Wissen parallel austauschen, sind unterschiedliche Strukturen für beide Arten des Wissensaustausches erforderlich.[157]

Die zweite Dimension beschäftigt sich mit der Höhe der Interaktion sowie der damit verbundenen Identität der Mitglieder. Demnach interagieren Communities of Practice häufig und besitzen folglich eine starke Identität. Hingegen findet in einer Benutzergruppe nur eine geringe Interaktion statt, da auf standardisierte Informationen zurückgegriffen wird, die nicht besprochen werden müssen. Daher besitzen diese auch keine gemeinsame Identität und stellen auch keine Community dar. McDermott beschreibt darüber hinaus Netzwerke von Individuen, die zwar gemeinsame Interessen verfolgen und Ideen austauschen, jedoch nur einen geringen Sinn für eine gemeinsame Identität besitzen. Dabei finden regelmäßige Treffen zwischen den Individuen statt. Hingegen trifft das gesamte Netzwerk nur selten zusammen.[158]

Im Mittelpunkt der dritten Dimension steht die Stärke der Integration des Wissensaustausches und der Arbeit. Hier besitzen insbesondere solche Communities eine starke Integration, die ihren Schwerpunkt hauptsächlich auf das Lösen von alltäglichen Problemen der Mitarbeiter legen. Dabei ist vielen Mitgliedern gar nicht bewusst, dass sie während der Arbeit Wissen austauschen. Dagegen stützen sich andere Communities auf besondere Veranstaltungen, wie beispielsweise Konferenzen, um den Wissensaustausch zu ermöglichen und zu fördern.[159]

Mit Hilfe dieser drei Dimensionen gibt McDermott Gestaltungsempfehlungen für die Struktur von Communities, die sich auf die individuellen Bedürfnisse des organisationalen Kontexts beziehen. Je nach Ausprägung der drei Dimensionen lässt sich demnach erkennen, wie der entsprechende Community-Typ entwickelt werden sollte.

Nach dieser Veranschaulichung der zwei Strukturmodelle, die sich mit Gestaltungsempfehlungen der Strukturen von Communities of Practice beschäftigen, soll im Folgenden das Lebenszyklus-Modell von Wenger vorgestellt werden, um die Lebensfähigkeit von Communities of Practice zu verdeutlichen.

---

[157] Vgl. McDermott (1999), S. 26f.
[158] Vgl. McDermott (1999), S. 27f.
[159] Vgl. McDermott (1999), S. 28.

5.1.3 Lebenszyklus einer Community nach Wenger

Wenger beschreibt in seinem Lebenszyklus-Modell fünf Entwicklungsstufen einer Community, die in der Abbildung 5.2 dargelegt sind.

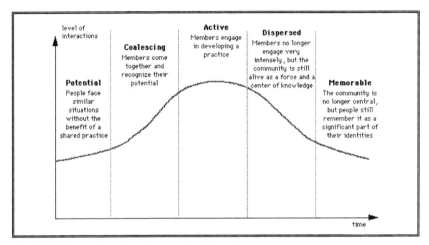

Abb.5.2: Lebenszyklus einer Community of Practice
Quelle: Eigene Darstellung (in Anlehnung an Wenger (1998), S. 2.)

In der ersten Phase (Potential) arbeiten interessierte Mitarbeiter in einer informellen Gruppe an spezifischen Themen und beginnen mit dem Aufbau eines Netzwerkes. Dabei stellt dieses soziale Netzwerk die Grundlage für die Entwicklung einer Community of Practice dar. Diese Mitarbeiter bilden die Kerngruppe (Core Group) der späteren Community und übernehmen die Leitung bei der Zusammenführung der zukünftigen Mitglieder. Zudem ist das Finden einer gemeinsamen Grundlage für die Mitglieder am Anfang einer Community als besonders wichtig zu betrachten, da sich diese verbunden fühlen und das Teilen von Erkenntnissen, Geschichten und Techniken wertschätzen sollen. Auf dieser frühen Entwicklungsstufe wird einer potentiellen Community of Practice dadurch Energie und Dynamik verliehen, dass die Mitglieder die Gemeinsamkeiten ihrer Probleme sowie die gemeinsamen Leidenschaften für einen Themenbereich erkennen. Je leidenschaftlicher sich die Mitglieder mit ihren Interessen beschäftigen, desto dynamischer ist die Community. Jedoch ist die Leidenschaft der Mitglieder allein nicht ausreichend, um eine Community aufrechtzuerhalten. Vielmehr soll für die Mitglieder ersichtlich sein, dass ihre Leidenschaften in etwas Nützliches umgesetzt wurden.[160] In der zweiten Phase (Coalescing) kommen die Mitglieder der Community zusammen und erkennen ihr gemeinsames Potential. Dabei ist es außerordentlich wichtig, dass sich enge Beziehungen zwischen den Mitgliedern entwickeln sowie gegenseitiges Vertrauen aufgebaut wird und ein Bewusstsein für die gemeinsamen Interessen und Bedürfnisse entsteht. Insbesondere der Aufbau von gegenseitigem Vertrauen der Mitglieder in der Community benötigt viel Zeit. Zudem entsteht in dieser Phase der Glaube der Mitglieder in die Überlebensfähigkeit der Community.[161] Während der dritten Phase (Active) entwickeln die Mitglieder gemeinsame Handlungsweisen und Verfahren. Dabei stehen die Durchführung von gemeinsamen Aktivitäten im Vordergrund sowie die Schaffung von Artefakten. Gleichzeitig passen sich die Mitglieder veränderten Rahmenbedingungen an und definieren ihre Interessen und Beziehungen neu. In der vierten Phase (Dispersed) ist das Engagement der Mitglieder nur noch sehr gering, während die Community jedoch weiterhin existiert. Die Mitglieder bleiben weiter in Kontakt, treffen sich gelegentlich und fragen sich gegenseitig telefonisch um Rat. Letztlich ist die Community in der fünften Phase (Memorable) kein zentraler Bestandteil für die Tätigkeiten der Mitarbeiter. Diese erinnern sich jedoch an die frühere Bedeutung der Community für ihre eigene Identität.[162]

In einer Weiterentwicklung dieses Lebenszyklus-Modells, wird von Wenger, McDermott und Snyder insbesondere die letzte Phase modifiziert. Diese Phase wird nun „Transformation" bezeichnet und zeigt mehrere Möglichkeiten für den weiteren Verlauf einer Community auf. Hier wird nicht zwingend davon ausgegangen, dass sich die Community irgendwann auflösen muss. Vielmehr können sich Communities aufgrund von hohen Beteiligungen aufteilen oder mit anderen Communities verschmelzen. Zudem kann der Ressourcenverbrauch einer Community so hoch sein, dass diese institutionalisiert wird und dabei in ein „Center of Excellence" transformiert wird.[163]

Darüber hinaus lassen sich in den verschiedenen Stufen des Lebenszyklus-Modells unterschiedliche Partizipationsebenen erkennen. Dies ist dadurch begründet, dass die verschiedenen Mitgliedertypen der Community unterschiedliche Perspektiven, Bedürfnisse und Intentionen besitzen und folglich in unterschiedlichen Intensitätsstufen an einer

---

[160] Vgl. Wenger/McDermott/Snyder (2002), S. 70f.
[161] Vgl. Wenger/McDermott/Snyder (2002), S. 82.
[162] Vgl. Wenger (1998), S. 2.
[163] Vgl. Wenger/McDermott/Snyder (2002), S. 109f.

Community of Practice teilnehmen. Demnach lassen sich fünf Kategorien in der Mitgliedschaft und Teilnahme differenzieren, die in der Abbildung 5.3 dargestellt sind.[164]

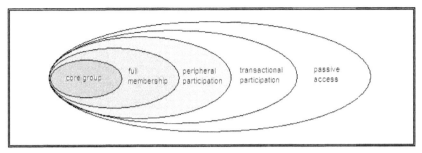

Abb.5.3: Partizipationsebenen einer Community of Practice
Quelle: Eigene Darstellung (in Anlehnung an Wenger (2000), S. 219.)

Die „Kerngruppe" (Core Group) kennzeichnet eine kleine Gruppe von Menschen, die durch ihre Leidenschaft und ihr Engagement der Community Antrieb verleiht. In der Kategorie „Vollwertige Mitgliedschaft" (Full Membership) finden sich Mitglieder, die als Praktiker anerkannt sind und die Community definieren. Des Weiteren bezeichnet die Kategorie „Randteilnahme" (Peripheral Participation) solche Menschen, die zwar der Community angehören, jedoch wenig Engagement zeigen und auch nur über wenige Befugnisse verfügen. Dies ist darauf zurückzuführen, dass es sich hierbei teilweise um Neulinge handelt oder um Menschen, die noch nicht ausreichend Erfahrungen in ihrem Fachgebiet gesammelt haben. Zudem existieren Außenstehende, die gelegentlich mit der Community interagieren, um beispielsweise Dienste in Anspruch zu nehmen oder anzubieten, ohne jedoch Mitglied der Community zu sein. Diese sind in die Kategorie „Geschäftliche Teilnahme" (Transactional Participation) einzuordnen. Schließlich gibt es eine Vielzahl von Menschen, die Zugang zu den Artefakten der Community besitzen, wie beispielsweise Publikationen, Webseiten oder Werkzeuge. Diese gehören der Kategorie „Passiver Zugang" (Passive Access) an.[165]

Allerdings nehmen Menschen nicht nur mit einer unterschiedlichen Intensität an einer Community of Practice teil. Sie nehmen auch verschiedene Rollen ein, die nachfolgend erläutert werden.[166]

---

[164] Vgl. Wenger/McDermott/Snyder (2002), S. 55; Wenger (2000), S. 218.
[165] Vgl. Wenger/McDermott/Snyder (2002), S. 55ff; Wenger (2000), S. 218.
[166] Vgl. Wenger (2000), S. 219.

5.1.4 Rollen innerhalb einer Community

Das Rollenmodell von Fontaine soll für eine Darstellung der Funktionen innerhalb einer Community of Practice exemplarisch vorgestellt werden. Dabei unterscheidet Fontaine elf Rollen, die in der Abbildung 5.4 aufgeführt sind.

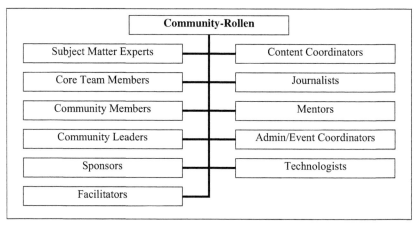

Abb.5.4: Rollen innerhalb einer Community
Quelle: Eigene Darstellung (in Anlehnung an Fontaine (2001), S. 18.)

Die „Subject Matter Experts" betreuen und pflegen das Wissensgebiet und die Praktiken einer Community. Dabei bilden sie Zentren spezialisierten impliziten Wissens für die Mitglieder der Community. Die „Core Team Members" legen die Richtung fest, wenn sich ein „Leader" entwickelt oder ausgewählt wurde. Zudem steuern sie die Entwicklung der Mission und den Zweck der Community. Die Funktion der „Community Leaders" liegt in der Führung der Community. Außerdem sind diese für den Aufbau und die Erhaltung der Community verantwortlich und beeinflussen die strategische Bedeutung der Community in der Organisation. Des Weiteren ist die Aufgabe der „Sponsors" darin zu sehen, dass diese Ressourcen bereitstellen, sich für die Anerkennung und Unterstützung der Community einsetzen sowie die strategische Bedeutung der Community sichern. Die „Facilitators" übernehmen die Funktion der Moderation in der Community und ermutigen die Mitglieder zur aktiven Teilnahme sowie an Diskussionen teilzunehmen, damit dadurch enge Verbindungen zwischen den Mitgliedern geschaffen werden. Darüber hinaus gelten die „Content Coordinators" als die ultimative Quelle expliziten Wissens. Dies wird durch das

Suchen, Abfragen und Weiterleiten von Wissen gewährleistet. Zudem werden Fragen zu dem Wissen und den Inhalten der Community beantwortet. Ferner sind die „Journalists" für die Identifikation, Erfassung und Bearbeitung von relevantem Wissen, Best Practices, neuen Ansätzen, Präsentationen und Berichten verantwortlich. Überdies sind die „Mentors" als erfahrene Community-Mitglieder zu betrachten, die sich für neue Mitglieder persönlich einsetzen und ihnen bei der Orientierung helfen. Dabei unterstützen sie die neuen Mitglieder, indem sie ihnen die Normen und Regeln der Community nahe bringen. Des Weiteren sind die „Admin/Event Coordinators" zu nennen, deren Aufgabe in der Koordination, Organisation und Planung von Veranstaltungen und Aktivitäten der Community liegt. Abschließend erfüllen die „Technologists" die Funktion der Überwachung und Wartung der technologischen Plattform der Community und unterstützen die Mitglieder bei der Nutzung in diesem Gebiet.[167]

Insbesondere die Funktion des Mentors ist in einer Trading Community von Bedeutung, da sich die neuen Mitglieder mit Hilfe des Mentors schnell zurecht finden können, um schließlich eigene Erfahrungen zu sammeln bzw. aus den Erfahrungen des Mentors zu lernen. Ferner müssen nicht alle Rollen in einer Community gleichzeitig existieren, da die Rollenverteilung von den Aufgaben der einzelnen Community abhängig ist.

Im Rahmen des Konzepts der Communities of Practice soll im Folgenden das Verhalten von Händlern untersucht werden, die auf den Finanzmärkten agieren. Hierzu werden anfänglich die Entwicklungsphasen eines Händlers in einer Trading Community erläutert, wobei die Untersuchung von Fenton-O'Creevy et al. (2005) über Finanzmarkthändler, die in den Handelsräumen von vier großen Investment Banken in London tätig sind, dafür die Grundlage bildet, um schließlich die Handlungen und Verhaltensweisen der Händler in einer Community explizit beleuchten zu können.

5.2 Trading Community

5.2.1 Entwicklungsphasen eines Händlers

Um ein Händler in einer Trading Community zu werden, ist wesentlich mehr erforderlich, als sich lediglich die entsprechenden Fähigkeiten anzueignen. Vielmehr sind implizites Wissen (Tacit Knowledge), das Lernen einer neuen Sprache, Kenntnisse von Verfahren, analytische Werkzeuge und Abkürzungen sowie ein breites Verständnis der Branche von

---

[167] Vgl. Fontaine (2001), S. 18.

Bedeutung. Dabei ist dies auch als ein Prozess zu betrachten, in dem sich ein Händler ein Netz von Beziehungen aufbaut, das die kulturelle Anpassung eines Händlers ermöglicht. Zudem umfasst der Lernprozess die Schaffung der Identität eines Händlers und stellt die Einführung in eine Community of Practice dar. Überdies ist das Lernen größtenteils informell und basiert auf den individuellen Handlungen und Erfahrungen des Händlers sowie auf den informellen Einflüssen und Beziehungen des Netzwerkes. Hier sind insbesondere die Mentoren und Gleichgestellten als vertrauensvolle Ansprechpartner von Bedeutung.[168]

Des Weiteren wird jemand nicht dadurch ein Händler, dass er das bestehende Wissen beherrscht, sondern indem dieser in der Lage ist, sich neuen Situationen anzupassen und Entscheidungsregeln zu modifizieren sowie mit Hilfe von gesammelten Erfahrungen schnell Entscheidungen zu treffen und dabei zuversichtlich zu sein. Letztlich kann dieser Prozess der formellen und informellen Sozialisierung den Übergang eines Neulings zum vollwertigen Mitglied einer Trading Community ermöglichen.[169] Abolafia formuliert dies wie folgt: „The recruit encounters an ordered social world that must be learned before he will be allowed to sit at a trading desk".[170] Diese Entwicklung eines jungen Händlers soll anhand von vier Phasen verdeutlicht werden.

5.2.1.1 Vorbereitungen und Erwartungen

Die Sozialisierung in eine komplexe und professionelle Rolle, wie die eines Händlers, beginnt schon bevor eine Person diesen Beruf ergreift. Dabei stellt das jeweilige Bildungssystem die Grundlage dar, um entsprechend gebildete Menschen weiter zu Händlern auszubilden und kulturell anzupassen. In der Regel werden daher Kandidaten von den Top-Universitäten ausgewählt, was auch indirekt eine Vorliebe für die höheren sozialen Schichten der Gesellschaft impliziert.[171]

Jedoch sind die zukünftigen Händler oft sehr schlecht vorbereitet und wissen kaum etwas über die Umgebung, in der sie tätig sein werden. Oftmals divergiert das Wissen der Hochschulabsolventen von dem Wissen, das in dieser Geschäftsbranche von essentieller Bedeutung ist. Demzufolge gestaltet sich die Personalauswahl etwa für die Investment

---

[168] Vgl. Fenton-O'Creevy et al. (2005), S. 145f.
[169] Vgl. Fenton-O'Creevy et al. (2005), S. 146.
[170] Abolafia (1996), S. 28.
[171] Vgl. Fenton-O'Creevy et al. (2005), S. 148.

Banken schwierig und kann zu erheblichen Kosten führen, die beispielsweise durch Fehlentscheidungen der jungen und ungeeigneten Händler entstehen können. Ebenfalls könnte ein nachhaltiger Reputationsschaden des Unternehmens die Folge sein.[172]

Ein Senior Manager beschreibt die Anfangsphase von zwei jungen Händlern und bewertet deren Leistung wie folgt: „We have two people on the desk at the moment, both of whom started at the same time, from relatively similar backgrounds and one of them has just hit the ground running and he's gone right up the curve, well on his way to being a pretty good risk taker and price maker and a pretty useful trader. The other trader has actually failed miserably and is miserable in himself. He is really struggling with the whole issue of what the market means to him. Yet academically they are very similar. It has been interesting to watch, but I'm disappointed that we've actually had a failure".[173]

Infolgedessen werden intensive Interviews bei der Personalauswahl durchgeführt, um sich einen genauen Eindruck von den Kandidaten zu verschaffen. Dadurch sollen junge Bewerber erkannt werden, die in dieser Branche keinen Erfolg haben werden und bei denen möglicherweise bereits Anzeichen von betrügerischem Verhalten erkennbar sind.[174] Daher zeigen einige Unternehmen zunehmend ein Interesse für die Moral der Mitarbeiter. Dies ist insbesondere dann der Fall, wenn ein Unternehmen viel Aufwand betreibt, um geeignete Kandidaten anzulocken und schließlich auszuwählen. Infolgedessen finden sogenannte Morality Tests eine verstärkte Anwendung bei der Personalauswahl, damit das allgemeine Fehlverhalten in dem jeweiligen Unternehmen abgeschwächt wird. Zudem sind diese Tests speziell für den Finanzsektor entwickelt worden, um bestimmte Wertvorstellungen zu etablieren und um das moralische Fehlverhalten von Händlern zu verringern.[175]

Darüber hinaus beschreibt ein Senior Trading Manager, dass ein Neuling unbedingt ein Gespür bzw. Fingerspitzengefühl (Flair) besitzen muss, um ein Händler werden zu dürfen: „People join as juniors, answering phones and monitoring positions…they sit with traders and move around the desks…if they show flair, they try out in trading. We are recruiting MBAs but you need flair; flair plus a good technical base".[176] Des Weiteren erläutert dieser, was er unter Flair versteht: „Flair is anticipating the market, showing intuition,

---

[172] Vgl. Fenton-O'Creevy et al. (2005), S. 148.
[173] Fenton-O'Creevy et al. (2005), S. 149.
[174] Vgl. Fenton-O'Creevy et al. (2005), S. 149.
[175] Vgl. Garsten/Hasselström (2003), S. 264.
[176] Willman et al. (2001), S. 898.

having a contrary, different view of events; not going with the herd, not following the market trend".[177]

Zudem äußern sich die Händler über das Flair wie folgt: „Having a feeling is not the same as experience, it's like having whiskers, like being a deer…you need a certain type of intelligence, but it's more about intuition".[178] Ein weiterer Händler merkt an: „Knowledge and experience do count for a lot; but there are some people you could never teach trading to in your life. Some people are just too academic".[179]

Letztlich muss sich ein Kandidat intensiv auf ein Interview vorbereiten und genaue Vorstellungen über den Beruf des Händlers besitzen sowie sich explizit mit dem jeweiligen Unternehmen beschäftigt haben, um ein Händler werden zu dürfen.[180] Ist diese Hürde überwunden, so kann die weitere Entwicklung eines jungen Händlers fortschreiten.

5.2.1.2 Phase der ersten Begegnung

In dieser Phase verbinden sich die ersten Eindrücke und die frühen Handlungen eines Händlers. Dabei hat sich dieser das notwendige Wissen und die Fähigkeiten anzueignen, die in der Trading Community vorausgesetzt werden. Zudem ist ein junger Händler in dieser Phase dem größten Druck ausgesetzt und beginnt mit dem Aufbau von persönlichen Beziehungen. Auch der Aufbau einer Identität ist von Bedeutung, um Zugang zu der Trading Community zu erhalten. Darüber hinaus sind die Arbeit mit den Mentoren sowie die Bewältigung von Emotionen als Schwerpunkt dieser Phase zu betrachten. Zusätzlich sind die Erfahrungen mit begangenen Fehlern und die ersten erzielten Gewinne und Verluste für die Persönlichkeitsbildung eines Händlers von Wichtigkeit.[181]

Die Aufgabe des Mentors liegt darin, den Neuling bei seiner Entwicklung zu unterstützten und ihm zur Seite zu stehen. Zudem werden in regelmäßigen Treffen Entscheidungen diskutiert und der Neuling wird aufgefordert, hypothetische Entscheidungen zu treffen. Darüber hinaus sehen die Manager in einem Handelsraum es als wichtig an, dass ein Neuling von verschiedenen Mentoren abwechselnd betreut wird, damit sich dieser die unterschiedlichen Handelsstile der Mentoren anschauen kann, um letztlich den eigenen

---
[177] Willman et al. (2001), S. 898.
[178] Willmann et al. (2001), S. 898.
[179] Willmann et al. (2001), S. 898.
[180] Vgl. Fenton-O'Creevy et al. (2005), S. 152.
[181] Vgl. Fenton-O'Creevy et al. (2005), S. 153f.

Handelsstil zu finden.[182] Ein Senior Equities Manager formuliert dies wie folgt: „We move new recruits between mentors who all have different styles. Some of them are more technically orientated, some people are between technical and fundamental, some people have more the gut feel for the market, some people are better short players and these people hate playing things from the long side. Some people are momentum players. This way we can find a trader's individual style".[183]

Dieser Ausbildungsprozess stellt dabei eine legitimierte „Peripheral Participation" dar und ist für den Zugang zu einer Trading Community von zentraler Bedeutung.[184] „It is through the apprenticeship process that traders begin to engage in such relationships and earn a legitimate role in the trader community".[185] Für die jungen Händler bietet sich durch diese Teilnahme an der Trading Community die Möglichkeit, die gemeinsame Sprache der Händler zu lernen und eine eigene Identität zu entwickeln sowie einen persönlichen Handelsstil zu finden. Zudem bietet diese Form der Teilnahme die Gelegenheit, mit anderen Mitgliedern in eine Interaktion zu treten und kann als das erste Engagement eines jungen Händlers in einer Trading Community betrachtet werden. Auf Grundlage dieser Teilnahme wird ein Neuling somit als ein potentielles Mitglied der Community behandelt. Die Zeitspanne der „Peripheral Participation" ermöglicht dem Neuling Erfahrungen zu sammeln und zu lernen, auch wenn dabei Fehler begangen werden oder die Normen der Community verletzt werden. Dies wird hier noch toleriert und nicht mit einem Tadel oder einem Ausschluss aus der Community geahndet.[186]

Des Weiteren ist es die Aufgabe des Mentors, dass der Neuling ein Verständnis für die Auswirkungen des eigenen Handelns entwickelt und diesem bewusst wird, weshalb Gewinne bzw. Verluste entstanden sind. Zudem müssen der Mentor und der Manager das Selbstvertrauen eines jungen Händlers wieder aufbauen, wenn dieser große Verluste erleiden musste, damit er bei späteren Entscheidungsfindungen nicht gehemmt ist. Je erfahrener der Neuling wird, desto geringer sind die emotionalen Reaktionen auf Gewinne und Verluste.[187] Dazu erläutert ein Händler die Wichtigkeit von Erfahrungen wie folgt: „To trade anything well, you need at least a year's experience of trading that stock".[188] Ein

---

[182] Vgl. Fenton-O'Creevy et al. (2005), S. 154f.
[183] Fenton-O'Creevy et al. (2005), S. 155.
[184] Vgl. Fenton-O'Creevy et al. (2005), S. 154.
[185] Fenton-O'Creevy et al. (2005), S. 201.
[186] Vgl. Fenton-O'Creevy et al. (2005), S. 154ff.
[187] Vgl. Fenton-O'Creevy et al. (2005), S. 160.
[188] Willman et al. (2006), S. 1369.

anderer Händler merkt an: „You can never know enough and you can never learn too much".[189]

Hat ein junger Händler ausreichend Erfahrungen gesammelt und sich das Wissen der Trading Community angeeignet, so ist dieser fortan als ein vollwertiges Mitglied der Community anzusehen. Dies erfordert jedoch, dass der Neuling soziales Kapital aufbaut und somit „earn membership of the right networks and develop reciprocal relationships."[190] Letztlich befindet sich der junge Händler in seiner Entwicklung in der Anpassungsphase.

5.2.1.3 Anpassungsphase

In dieser dritten Entwicklungsphase nimmt der Händler als ein vollwertiges Mitglied an der Trading Community teil. Dieser hat dabei mit der Entwicklung eines eigenen Handelsstils sowie eines eigenen Repertoires begonnen. Der wichtigste Aspekt dieses Übergangs in die Anpassungsphase ist die Abschwächung der Emotionen, die charakteristisch für die ersten Monate eines Händlers sind. Diese emotionale Anpassung kann jedoch auch die ersten zwei Berufsjahre als Händler in Anspruch nehmen.[191]

Durch diese abgeschwächte Form des Fühlens von Emotionen kann ein Händler die Möglichkeit erhalten, bei der täglichen Entscheidungsfindung einen zusätzlichen Nutzen aus dem Verstehen und dem Vorhersagen der Emotionen der anderen Marktteilnehmer zu erlangen. Infolgedessen kann dies zu komparativen Vorteilen in der Welt des Handelns führen.[192] Ein Händler für Staatsobligationen beschreibt dabei den Markt wie folgt: „Let's face it...what is the market? It's you and me and a hundred other people sitting around and playing poker through screens; you are trading emotion, but you do have quantitative value running through it".[193] Ein anderer Händler erläutert hingegen, dass man sich ein mentales Bild von den Vorgängen auf dem Markt macht: „You have to build a framework on how you believe the world is working...you have your mental picture of what's going on. When you are making money, this mental picture is being reinforced [...]".[194]

Darüber hinaus erfordert die Rolle des Händlers in dieser Phase ein erfahrenes Verhalten. Einerseits sind zwischenmenschliche Geschicklichkeiten von zentraler Bedeutung, um

---

[189] Willman et al. (2006), S. 1369.
[190] Fenton-O'Creevy et al. (2005), S. 201.
[191] Vgl. Fenton-O'Creevy et al. (2005), S. 163.
[192] Vgl. Fenton-O'Creevy et al. (2005), S. 164.
[193] Willman et al. (2001), S. 900.
[194] Fenton-O'Creevy et al. (2003), S. 57.

Kundenbeziehungen aufzubauen und aufrechtzuerhalten. Gerade in dieser Branche, in der viele Händler in Konkurrenz zueinander stehen, hat der Kundenservice höchste Priorität. Andererseits ist das Teamwork im Handelsraum von besonderer Wichtigkeit und besitzt dabei eine zentrale Bedeutung für die Entwicklung der Fähigkeiten, die Entscheidungsfindung und das Risikomanagement eines Händlers.[195]

Diese zwischenmenschliche Geschicklichkeit sowie das Teamwork erfordern erfahrene Erkenntnisse über die Reaktionen von anderen Menschen, was allgemein als Empathie bezeichnet wird. Händler benutzen die Empathie als eine Hilfe bei der Entscheidungsfindung. Ein Aktienhändler beschreibt nachfolgend, wie er das Verstehen des Marktes bei der Entscheidungsfindung berücksichtigt: „My competitive advantage is being able to ascertain what is the reaction of the market. What are they going to do? What is the market going to think about this particular thing, or this particular fact? If you are able to anticipate this and get it right, you are able to make money. The emotional element is a big part of what I do [...]".[196] Dabei ist die Entwicklung einer Martktempathie das erklärte Ziel einiger Manager und ihrer Händler. Dazu werden die Händler von den Managern instruiert, sich aus den Emotionen der anderen Marktteilnehmer Vorteile zu verschaffen. Beispielsweise sollen diese die Panik von Marktteilnehmern ausnutzen oder die emotionalen Gegebenheiten des Marktes beurteilen.[197]

Schließlich ist in dieser Phase ein Feedback über die selbstständige Entscheidungsfindung eines Händlers von Bedeutung. Manager und Mentoren unterstützen den Händler bei der Bewertung von Entscheidungen und den daraus resultierenden Gewinnen bzw. Verlusten und helfen ihm dabei, dass er die Kausalketten seines Handelns versteht.[198]

5.2.1.4 Stabilisierungsphase

In der Stabilisierungsphase ist die Leistungskurve abgeflacht. Das Hauptziel ist hier das Erreichen eines dynamischen Gleichgewichts, wobei die Anpassungen kontinuierlich stattfinden, wenn neue Informationen und Feedbacks verfügbar sind. Zudem ist in dieser Phase die Aneignung von Tacit Knowledge von Wichtigkeit. Ein Händler kann beispielsweise die unterbewusste Sammlung von Erinnerungen, Ereignissen und Verhaltensmustern

---

[195] Vgl. Fenton-O'Creevy et al. (2005), S. 164.
[196] Fenton-O'Creevy et al. (2005), S. 165.
[197] Vgl. Fenton-O'Creevy et al. (2005), S. 165.
[198] Vgl. Fenton-O'Creevy et al. (2005), S. 166.

für neue Situationen nutzen.[199] Dennoch ist der Erfolg jedes einzelnen Händlers nicht nur von den eigenen Fähigkeiten oder dem Wissen abhängig, sondern von dem sozialen Kapital: „their membership of networks and the nature of the trust and reciprocity within those networks".[200]

Darüber hinaus reagiert der Händler nicht nur auf Situationen, sondern gestaltet seine Umgebung aktiv mit, indem dieser neue Wege der Entscheidungsfindung entwickelt sowie neue Verbindungen zu Kunden und Märkten aufbaut. Des Weiteren lernt ein Händler während dieser Phase die Grenzen der Trading Community kennen sowie die Kultur, die außerhalb des eigenen Unternehmens vorzufinden ist.[201]

Letztlich identifizieren Fenton-O'Creevy et al. in der Stabilisierungsphase verschiedene Karrierepfade, welche die Händler zukünftig beschreiten wollen und kategorisieren dabei vier Gruppen von Händlern. Die erste Gruppe setzt sich aus Händlern zusammen, die sich stark mit ihrer Rolle und der Organisationskultur identifizieren. Diese Gruppe tritt insbesondere in Organisationen auf, die eine starke Kultur besitzen. Dabei bemüht sich diese Gruppe um die Enkulturation der jungen Händler. Zudem sind die meisten Händler mit ihrer Rolle zufrieden und wollen nicht in einer anderen Kultur erfolgreich sein. Dennoch haben nur wenige eine Vorstellung über den weiteren Verlauf ihrer Karriere. Die zweite Gruppe beinhaltet solche Händler, die ebenfalls mit ihrer Rolle zufrieden sind, sich jedoch Gedanken über ihre zukünftige Entwicklung machen. Diese wollen einen größeren Handlungsspielraum erhalten und über mehr Autorität verfügen sowie möglicherweise die Rolle eines Experten einnehmen oder selbst ein Manager werden. Des Weiteren besteht das Hauptinteresse der dritten Gruppe darin, möglichst viel Geld zu verdienen und daraufhin den stressigen Beruf des Händlers zu kündigen, um die persönlichen Träume zu verwirklichen. Schließlich sind in der vierten Gruppen demotivierte Händler zu finden, die unzufrieden mit ihrer Rolle sind, allerdings die Handelsumwelt nicht verlassen können, da sie ihren gewohnten Lebensstil nur mit dem Beruf des Händlers garantieren können.[202]

Demzufolge haben die verschiedenen Karrierebestrebungen einen Einfluss auf die Arbeitsausrichtung der Händler. Beispielsweise wird ein Händler ein großes Risiko bei einer Entscheidung eingehen, wenn dieser in einer kurzen Zeit viel Geld gewinnen will.

---

[199] Vgl. Fenton-O'Creevy et al. (2005), S. 166f.
[200] Fenton-O'Creevy et al. (2005), S. 200.
[201] Vgl. Fenton-O'Creevy et al. (2005), S. 166f.
[202] Vgl. Fenton-O'Creevy et al. (2005), S. 172f.

Ein anderer Händler, der eine Managerkarriere anstrebt, wird dieses Risiko nicht eingehen, da er langfristige Interessen verfolgt und seine Karriere nicht gefährden will.[203]

Im Folgenden sollen nun die Aktivitäten der Händler im Handelsraum explizit betrachtet werden. Hierzu wird anfänglich die räumliche Anordnung des Handelsraumes dargelegt, um darauffolgend den Wissenstransfer zwischen den Akteuren zu beleuchten sowie die Faktoren Stress und Emotionen zu bewerten. Darüber hinaus wird die Bedeutung der Reputation eines Händlers im Handelsraum aufgezeigt und die Aufgabe des Chefhändlers näher erläutert.

5.2.2 Der Handelsraum als sozialer Raum

Der Handelsraum ist nicht nur als ein physischer Raum zu betrachten, sondern auch als ein sozialer Raum. Hier werden soziale Unterschiede gebildet, wie beispielsweise zwischen Managern und Händlern sowie zwischen Erfolgreichen und weniger Erfolgreichen. Dabei stellt der Handelsraum eine Bühne dar, auf der die Händler auftreten und sich sozial positionieren können.[204] Die räumliche Anordnung der Handelsraumes gestaltet sich hingegen wie folgt.

5.2.2.1 Räumliche Anordnung

Als Beispiel für eine räumliche Anordnung soll der Handelsraum einer großen Investment Bank in New York betrachtet werden, der Gegenstand der Untersuchung von Beunza und Stark (2004) ist. Dabei wird dieser Investment Bank das Pseudonym „International Securities" gegeben. Eine schematische Darstellung des Handelsraumes ist in der Abbildung 5.4 veranschaulicht.

Das Betreten dieses Handelsraumes formulieren Beunza und Stark wie folgt: „Entering the trading room is like entering the lobby of a luxury hotel".[205] In diesem Handelsraum sind verschiedene Arbeitsplätze (Desks) zu finden, an denen die Teams mit unterschiedlichen Finanzinstrumenten handeln. Dabei ist das Desk als ein „intensely social place" zu verstehen, an dem die Händler sich unterhalten können, ohne dass sie ihre Arbeit

---

[203] Vgl. Fenton-O'Creevy et al. (2005), S. 173.
[204] Vgl. Bruegger (1999), S. 237.
[205] Beunza/Stark (2004), S. 378.

unterbrechen und von ihren Bildschirmen aufblicken müssen, was durch die extreme Nähe der Arbeitsplätze ermöglicht wird.[206]

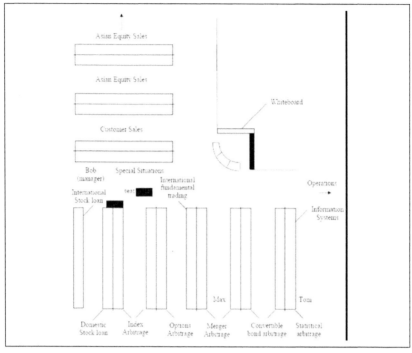

Abb.5.4: Schematische Darstellung des Handelsraumes der „International Securities"
Quelle: Beunza/Stark (2004), S. 385.

Diese Teams betrachten dabei den Markt jeweils aus einer anderen Perspektive. Beispielsweise beschäftigen sich die Händler an dem „Merger Arbitrage Desk" mit Firmenübernahmen und bewerten dazu den Preis des zu übernehmenden Unternehmens. Hingegen nutzen die Händler am „Index Arbitrage Desk" die Abweichungen zwischen dem Preis von Indexwertpapieren und dem aktuellen durchschnittlichen Preis von den Unternehmen, die Bestandteil dieses Indizes sind.[207]

Des Weiteren sind am „Customer Sales Desk" solche Händler tätig, die Kundenaufträge durchführen bzw. den Kunden Vorschläge unterbreiten.[208] Benunza und Stark beschreiben

---

[206] Vgl. Beunza/Stark (2004), S. 382.
[207] Vgl. Beunza/Stark (2004), S. 382.
[208] Vgl. Beunza/Stark (2004), S. 382f.

dieses Team folgendermaßen: „Although not specialized in a distinct financial instrument, this most sociable team in the room provides a window on the anxiety level of their customers and thus of the market at large by sound of their voices on the phone and the banging of headsets against their desks in frustration".[209]

Diese verschiedenen Teams entwickeln jeweils ihre eigene Art bei der Erkennung von Verhaltensmustern und benutzen dabei unterschiedliche Bewertungsprinzipien. Zudem betrachten Beunza und Stark jedes einzelne Desk als eine unverwechselbare Community of Practice, die über ein eigenes Tacit Knowledge verfügt: „Such joint focus on visual and economic patterns creates, at each desk, a distinctive community of practice around an evaluative principle with ist own tacit knowledge. Traders at a desk develop a common sense of purpose, a real need to know what each other knows, a highly specialized language and idiosyncratic ways of signalling to each other".[210]

Jedoch agieren die Desks nicht in einer Isolation, sondern berücksichtigen die Bewertungsprinzipien und Handelswerkzeuge der anderen Desk und machen sich deren Informationen zu Nutze. Dies wird auch durch die physische Nähe im Handelsraum ermöglicht.[211] Knorr-Cetina und Brügger (2005) betonen sogar, dass diese physische Präsenz bewusst gefördert wird, da die Händler beispielsweise wesentlich näher zusammensitzen, als dies für ihre Routinekooperationen notwendig wäre. Zudem sind die Handelsräume nicht in kleine geschlossene Räume unterteilt, damit die Händler die Aktivitäten an den anderen Desks wahrnehmen und die „Stimmung des Marktes" fühlen können.[212]

5.2.2.2 Wissenstransfer

Die Händler der verschiedenen Desks, die im Handelsraum der „International Securities" tätig sind, unterstützen sich gegenseitig bei Transaktionen und tauschen dabei Wissen bzw. Informationen aus. Beispielsweise kann das „Stock Loan Desk" den Händlern des „Merger Arbitrage Desks" bei Liquiditätsfragen zu Unternehmen zur Seite stehen, da diese in der Regel davon ausgehen, dass Aktien eines bestimmten Unternehmens zu jeder Zeit geliehen und verliehen werden können. Dies stellt jedoch bei kleinen Unternehmen, die selten

---

[209] Beunza/Stark (2004), S. 383.
[210] Beunza/Stark (2004), S. 383.
[211] Vgl. Beunza/Stark (2004), S. 383ff.
[212] Vgl. Knorr-Cetina/Brügger (2005), 151.

gehandelt werden, eine Schwierigkeit dar. Infolgedessen sind die Händler nicht in der Lage, das Handelsrisiko abzusichern. Daher wenden sich die „Merger Arbitrageurs" an das „Stock Loan Desk", um die Schwierigkeit der Transaktion bewerten zu können.[213]

Augrund der physischen Nähe der Teams, die sich unterschiedliche Finanzinstrumente zu Nutze machen, ist es möglich geworden, dass die verschiedenen Märkte für eine einzelne Handelsaktivität verknüpft werden.[214] Ein Chefhändler beschreibt dies wie folgt: „While the routine work is done within teams, most of the value we add comes from exchange of information between teams. This is necessary in events that are unique and non-routine, transactions that cross markets, and when information is time-sensitive".[215]

Zudem bewertet ein Arbitrage-Händler die modernen Kommunikationsmittel, die für den Austausch von Informationen innerhalb des Handelsraumes genutzt werden, als ineffizient, da die Köpersprache sowie die Mimik der Händler keine Berücksichtigung findet: „The phone and on-line communication are inefficient. It takes longer for people to tell each other what they want. You miss body language. Body language and facial expressions are really important [...]".[216]

Des Weiteren macht Hasselström (2003) in ihrer Untersuchung darauf aufmerksam, dass einige Investment Banken sogenannte Morning Meetings durchführen, in denen Händler und Analysten Informationen austauschen. Dies kann sich zum einen um kurze Bewertungen der aktuellen Finanznachrichten handeln, die lediglich einige Minuten andauern, oder zum anderen um Powerpoint-Präsentation, die bis zu einer halben Stunde in Anspruch nehmen. Zudem stellen die Händler und Analysten Informationen zur Verfügung, die sie als wichtig betrachten. Dies können beispielsweise Informationen über Geschehnisse des vergangenen oder gegenwärtigen Handelstages sein. Auch sollen die Teilnehmer mögliche Herausgaben von Wirtschaftsdaten sowie wichtige Veranstaltungen und Treffen berücksichtigen, die Auswirkungen auf die Handelsaktivitäten haben könnten. Nach diesem Morning Meeting führen die einzelnen Desks gelegentlich eigene Morning Meetings durch, die jedoch nur wenige Minuten in Anspruch nehmen.[217]

Darüber hinaus verwenden die Händler Kommunikationsplattformen, die beispielsweise von Bloomberg, Reuters oder Telerate zur Verfügung gestellt werden. Diese sogenannten

---

[213] Vgl. Beunza/Stark (2004), S. 385.
[214] Vgl. Beunza/Stark (2004), S. 386.
[215] Beunza/Stark (2004), S. 386.
[216] Beunza/Stark (2004), S. 381.
[217] Vgl. Hasselström (2003), S. 73.

Message Services können als ein großes Intranet betrachtet werden, das Investment Banken, Investoren und Brokerhäuser miteinander verbindet. Mit Hilfe dieser Plattformen können Kauf- und Verkaufsaufträge abgewickelt sowie Finanznachrichten und Statistiken ausgetauscht werden. Jedoch nutzen die Händler und Analysten die Message Services auch, um Gerüchte auf dem Finanzmarkt zu diskutieren sowie sich gegenseitig Witze zu senden und Termine für abendliche Treffen in Bars zu finden. Hasselström beschreibt beispielsweise die Möglichkeiten und Vorteile des Bloomberg Message Services wie folgt: „When I was on the trading floor, I too used the Bloomberg message service and found it a great way to keep in touch with my contacts without actually having to talk to them in person – it was an efficient way to keep a relationship alive with minimum effort made".[218]

Anhand der Untersuchung von Brügger (1999), die sich mit den Handelsaktivitäten von Devisenmarkthändlern beschäftigt, soll die Beschaffung von Informationen verdeutlicht werden. Hier beschafft sich ein Proprietary Trader (Eigenhändler) namens Gary wichtige Informationen auf verschiedenen Wegen. Zum einen erlangt dieser Informationen durch Beobachtungen des Marktgeschehens sowie durch das Lesen von Zeitungen. Zum anderen verschafft er sich wichtige Informationen, die nicht durch die Medien verfügbar sind, durch Gespräche mit anderen Marktteilnehmern, die er „Contacts" nennt.[219] Dies beschreibt Gary folgendermaßen: „Information is not something that is just there and you can take it. You have to get it and to get it you have to know the right people".[220] Bei diesen Informationen handelt sich nicht um Informationen, die jedem zur Verfügung stehen, sondern um Insider-Informationen. Dabei bewertet Gary seine Beziehungen zu diesen Contacts wie folgt: „I come in the morning, I talk to friends and everything in the Asian market, and the say, Oh, so-and-so is doing this and so-and-so is doing that. And it's something that you sort of realize, but you treat very quietly – that to get information you have to give information. And it suits those guys quite well – cause in their afternoon in Asia, where things are just picking up and getting going here, I can call them and I can tell them what we're seeing here. So it's a lot of give and take. ... It's trading information for information".[221] Hier wird deutlich, dass es sich um einen reziproken Tausch von Informationen handelt, bzw. ein regelrechter Handel mit Informationen stattfindet, da Gary den anderen Händlern ebenfalls Informationen aus seinem Handelsraum zur Verfügung stellen kann.[222]

---

[218] Hasselström (2003), S. 31.
[219] Vgl. Brügger (1999), S. 102.
[220] Brügger (1999), S. 102.
[221] Brügger (2000), S. 248.
[222] Vgl. Brügger (1999), S. 103.

Zudem beschreibt dieser, dass der Informationsaustausch eine Gratwanderung ist und viel Vertrauen erfordert: „It's a fine line between giving some information back...and maintaining a certain degree of confidentiality".[223] Infolgedessen ist gegenseitiges Vertrauen von besonderer Bedeutung, um „sensible" Informationen weiterzugeben und sicher zu gehen, dass der andere Händler vorsichtig damit umgeht.[224]

5.2.2.3 Stress und Emotionen

Hat sich ein Händler ausreichend Informationen beschafft, so kann dieser letztlich wichtige Entscheidungen treffen, die jedoch auch risikobehaftet sind. Diesbezüglich haben Kahn und Cooper (1993) in ihrer Untersuchung über Stressursachen im Handelsraum festgestellt, dass die Faktoren „Risikoübernahme" sowie die „Erreichung einer Höchstleistung" zwei bedeutende Elemente sind, welche die Händler zum Teil als Ursache ihres Stresses betrachten. Dies ist darauf zurückzuführen, dass die Händler wichtige Entscheidungen zu treffen haben, die ein entsprechendes Risiko besitzen und die Folgen von möglichen Fehlern eine psychische Belastung darstellen. Zudem müssen die Händler sogenannte Profit Targets erfüllen, was als ein enormer Druck empfunden wird. Dabei ist diese Messung der Leistung für das Management der wichtigste Anhaltspunkt, um die Gehälter der Händler zu bestimmen bzw. die hohen Einkommen zu rechtfertigen und aufrechtzuerhalten sowie über die weitere Karriere der Händler zu entscheiden. Die Händler sind sich auch bewusst, dass getroffene Fehlentscheidungen nicht nur ihrer Reputation schaden, sondern letztlich zur Kündigung führen können.[225]

Je nachdem, ob die Händler Gewinne oder Verluste erzielen, wechseln auch die Gefühle der Händler. Brügger merkt dazu an, dass die Spannung und der Druck, der die Händler belastet, möglicherweise mehr negative als positive Gefühle zur Folge hat. Zudem schwanken die Gefühlszustände der Händler zwischen „Master of the Universe" und dem „totalen Frust". Dabei lernen die Händler im Handelsraum, wie sie mit ihren Gefühlen umzugehen haben. Einerseits leben sie diese aus und andererseits versuchen sie ihre Gefühle zu beherrschen. Brügger erklärt diesen Widerspruch so, dass es für die Händler wichtig ist, die „Angst und Gier" zu beherrschen, dass diese allerdings auch „Freude und Frust" ausleben. Mit Angst und Gier wird das Risikoverhalten von Händlern beschrieben,

---

[223] Brügger (1999), S. 104; Brügger (2000), S. 248.
[224] Vgl. Brügger (1999), S. 104.
[225] Vgl. Kahn/Cooper (1993), S. 141.

die, je nach großen Gewinnen oder Verlusten, unterschiedliche Risiken eingehen. Beispielsweise geht ein Händler nach einem großen Gewinn größere Risiken ein und vermeidet Risiken, wenn er große Verluste erlitten hat.[226]

Darüber hinaus empfinden die Händler Verluste als eine persönliche Verletzung. Die Händler verwenden dabei eine Vielzahl von Ausdrücken, wenn sie verletzt worden sind: "I got shafted; I got bent over; I got blown up; I got raped; I got vaporized; I got stuffed; I got fucked; I got hammered; I got killed".[227] Hier ist besonders auffällig, dass dieses Vokabular „displays the assault implicit in trading as analogous to bodily assault".[228] Dies führen Knorr-Cetina und Brügger darauf zurück, dass die Händler mit der Bildschirmrealität derart „verwachsen" sind, dass demzufolge Verluste bei Handelsgeschäften als körperliche Angriffe bewertet werden.[229]

Außerdem sind Wutausbrüche der verletzten Händler häufig die Folge. Diese schlechte Stimmung wird beispielsweise in Form von lautem Fluchen und dem Knallen des Telefonhörers auf die Tischplatte sowie mit kräftigen Tritten gegen den Tisch zum Ausdruck gebracht. Allerdings werden diese Wutausbrüche von anderen Händlern verstanden und akzeptiert. Zudem bedeutet diese Art des Zurechtkommens mit negativen Gefühlen nicht, dass ein Händler die Kontrolle über seine Handelsaktivitäten verloren hat. Ein guter Händler kann seine schlechte Stimmung ausleben, ohne dass sein Ruf als guter Händler verloren geht.[230]

5.2.2.4 Reputation

Der gute Name eines Händlers ist von besonderer Wichtigkeit, da dieser über die weitere Karriere entscheidet und auch den Status innerhalb des Handelsraumes festlegt. Daher ist ein Händler sehr darauf bedacht, diesen guten Namen zu pflegen. Dabei erlangt ein Händler einen guten Namen, indem er viel Geld verdient und auch nicht abgeneigt ist, höhere Risiken einzugehen.[231] Zudem ist es von Bedeutung, dass ein Händler Charakter zeigt. Dies bedeutet beispielsweise, dass ein Händler auch dann nicht die Nerven verliert,

---

[226] Vgl. Brügger (1999), S. 296.
[227] Brügger (1999), S. 297; Knorr-Cetina/Brügger (2000), S. 159.
[228] Knorr-Cetina/Brügger (2000), S. 159.
[229] Vgl. Knorr-Cetina/Brügger (2000), S. 159; Knorr-Cetina/Brügger (2005), S. 159.
[230] Vgl. Brügger (1999), S. 298f.
[231] Vgl. Brügger (1999), S. 274f.

wenn er mit großen Beträgen handelt, was das Eingehen von höheren Risiken impliziert bzw. in Situationen agiert, in denen eine hohe Marktintensität herrscht.[232]

Des Weiteren versuchen viele Händler sich von den anderen Händlern zu unterscheiden und sich somit einzigartig zu machen. Zum Beispiel kann ein Händler die Krawatte immer über der linken Schulter tragen und wird deshalb von den anderen als ein außergewöhnlicher Händler wahrgenommen. Mit diesen kleinen Dingen verschafft sich ein Händler möglicherweise etwas mehr Bedeutung. Außerdem versuchen einige Händler durch ein exzessives Freizeitverhalten Charakter zu zeigen, wie etwa durch übermäßigen Alkoholkonsum und schnelles Autofahren. Dies kann zu einer Bewunderung durch die jungen Händler führen und ist somit in einer gewissen Art und Weise ebenfalls für den Ruf eines Händlers förderlich.[233]

Darüber hinaus ist der Ruf eines Händlers davon abhängig, für welche Handelsposition dieser Händler verantwortlich ist. Beispielsweise erläutert Brügger, dass ein Devisenhändler, der für die Handelsposition einer Züricher Bank im Währungspaar Dollar-Schweizer-Franken die Verantwortung trägt, das größte Ansehen im Handelsraum genießt. Dies ist darauf zurückzuführen, dass die unterschiedlichen Handelspositionen nicht nur unterschiedliche Währungspaare darstellen, sondern die soziale Hierarchie und demnach den Status des Händlers im Handelsraum bestimmen. Zudem ist der Handelsstil eines Händlers von Bedeutung, also in welcher Art und Weise ein Händler handelt sowie Charakter zeigt.[234] Die gegenseitigen Abhängigkeiten verdeutlicht die Abbildung 5.5.

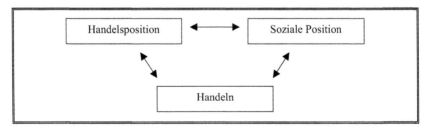

Abb.5.5: Handeln, Handelsposition und soziale Position
Quelle: Eigene Darstellung (in Anlehnung an Brügger (1999), S. 267.)

Diese soziale Hierarchie bezeichnen Knorr-Cetina und Brügger auch als „Star System". Mit dem Begriff „Star" wird der wichtigste Händler im Handelsraum bezeichnet, der die

---

[232] Vgl. Brügger (1999), S. 270f.
[233] Vgl. Brügger (1999), S. 275.
[234] Vgl. Brügger (1999), S. 266f.

größte Verantwortung für ein Währungspaar trägt.[235] Zudem messen sich die anderen Händler an diesem Star und richten sich auch an dessen Verhalten aus. Ein Chefhändler formuliert dies wie folgt: „If you have a dollar-Swiss dealer who behaves like a pig you can be sure that within two months everyone behaves like a pig, because he functions like…a model…and his behaviour affects the whole dealing room".[236]

Dabei entscheidet der Chefhändler darüber, wer beispielsweise die Verantwortung für das wichtigste Währungspaar tragen darf. Die Rolle des Chefhändlers soll daher im Folgenden aufgezeigt werden.

5.2.2.5 Der Chefhändler

Der Chefhändler ist in der Regel ein ehemaliger Händler, da dieser das Marktgeschehen versteht sowie den Stress und die komplexe Rolle der Händler versteht. Jedoch sind nicht alle Händler dazu geeignet, ein Chefhändler zu werden.[237] Dies beschreibt ein Chefhändler wie folgt: „Sometimes the worst thing that you can do it take someone who is a brilliant producer and because he is a brilliant producer assume that he can mentor, communicate and develop other people to have similar skill set and the answer to that is that a lot of people can't make that adjustment […]".[238] Demzufolge wird deutlich, dass ein sehr guter Händler nicht ohne weiteres ein Chefhändler werden kann, da diesem möglicherweise Fähigkeiten fehlen, die er als Händler nicht entwickelt und auch nicht benötigt hat. Ein anderer Chefhändler merkt dazu an: „Traders are often terrible managers of people and businesses, you cannot take your top producers and make them managers".[239]

Die Aufgaben eines Chefhändlers in einem Handelraum sind sehr vielfältig und erfordern unterschiedliche Fähigkeiten, wie beispielsweise Durchsetzungs- und Einfühlungsvermögen. Dementsprechend ist nicht jeder Händler dazu befähigt, die Aufgaben eines Chefhändlers zu bewältigen. Brügger (1999) erläutert in seiner Untersuchung ferner die Aufgaben eines Chefhändlers, der die Verantwortung für das Spotdesk einer Züricher Bank, an dem die unterschiedlichen Währungspaare gehandelt werden, trägt. Dieser

---

[235] Vgl. Knorr-Cetina/Brügger (2000), S. 153.
[236] Knorr-Cetina/Brügger (2000), S. 154.
[237] Vgl. Willmann et al. (2002), S. 89.
[238] Willmann et al. (2002), S. 89.
[239] Fenton-O'Creevy et al. (2005), S. 183.

Chefhändler sieht seine Aufgaben insbesondere in dem Coaching der Händler und der Teambildung sowie in dem Überwachen und Belohnen der Händler.[240] Unter Coaching ist das Betreuen der Händler gemeint, die bei der Erzielung von großen Gewinnen „gebremst" werden müssen, damit diese keine zu großen Risiken eingehen. Bei der Erleidung von Verlusten ist es die Aufgabe des Chefhändlers, diese wieder „aufzubauen" und somit das Selbstbewusstsein zu stärken. Des Weiteren ist eine wichtige Aufgabe des Chefhändlers in der Auswahl des richtigen Teams zu sehen. Der Chefhändler muss in der Lage sein, die richtigen Händler für die verschiedenen Währungspaare zu finden. Zudem ist es von besonderer Bedeutung, dass ein Team aus Händlern besteht, die sich gegenseitig unterstützen und sich dem Team unterordnen können. Jedoch sind auch „Leader" am Desk erforderlich, die das Team zusammenhalten und eine Vorbildfunktion besitzen.[241]

Darüber hinaus kann der Chefhändler durch die Führungsinstrumente „Überwachen" und „Belohnen" den Erfolg des Desks beeinflussen. Für den Chefhändler gibt es eine Vielzahl von Möglichkeiten seine Händler zu überwachen, da beispielsweise alle Telefongespräche sowie die Konversationen über das Reuters Dealing aufgezeichnet bzw. gespeichert werden. Die Überwachung der Leistung findet dabei anhand des Budgets statt. Diese Jahreszielvorgabe wird durch den Chefhändler individuell festgelegt und mehrfach am Tag überprüft. Bei der Betrachtung der Handelspositionen kann der Chefhändler den Gewinn bzw. Verlust abschätzen. Zudem fragt der Chefhändler die Händler nicht, warum sie eine Handelsposition eingegangen sind, da die Begründung oftmals schwierig ist und die Entscheidung teilweise aufgrund von Gefühlen getroffen wurde.[242] In der Untersuchung von Willman et al. (2002), die sich mit Managern und Tradern in Investment Banken in London beschäftigt, wird dies jedoch von einem Chefhändler anders bewertet. Hier wurde ein Händler sofort „gefeuert", weil er seine Handelspositionen nicht erklären konnte. Dabei war es nicht von Bedeutung, ob der Händler Gewinne erzielte oder Verluste erlitten hatte.[243]

Des Weiteren ist die Aufgabe des Chefhändlers in der Überwachung von verschiedenen Regeln zu sehen. Dadurch soll erreicht werden, dass sich die Händler im Interesse der Bank verhalten. Dazu ist beispielsweise der „Code of Conduct" zu nennen, der die Regeln

---

[240] Vgl. Brügger (1999), S. 279.
[241] Vgl. Brügger (1999), S. 280ff.
[242] Vgl. Brügger (1999), S. 285ff.
[243] Vgl. Willman et al. (2001), S. 904.

des guten Handelns beinhaltet und ein Ehrenkodex für die Händler darstellt. Daneben sind insbesondere die informellen Regeln des Handelsraumes von Bedeutung.[244] Letztlich hat der Chefhändler die Möglichkeit, seine Händler zu belohnen. Dabei stehen ihm drei Mittel zur Verfügung. Zum einen können die Händler durch die Verteilung der Handelspositionen belohnt werden, weil damit der Status innerhalb des Handelraumes verbunden ist. Zum anderen stellen die Beförderung sowie der Bonus eine Belohnung dar. Besonders die Verteilung des Bonus gestaltet sich für den Chefhändler schwierig, da er beispielsweise den Bonus der Star-Händler genau bemessen muss, um nicht deren Kündigung zu provozieren. Für die Star-Händler ist nur der Bonus von Bedeutung, da sie schon die besten Handelspositionen besitzen und auch nicht mehr befördert werden können. Der Bonus ist demzufolge das einzige Mittel der Belohnung.[245]

Um jedoch ein erfolgreicher Händler zu werden, reicht es nicht aus, dass man sich nur im Handelsraum aufhält und dort Erfahrungen sammelt. Vielmehr ist die Pflege von Geschäftsbeziehungen von entscheidender Bedeutung, um sich möglicherweise Vorteile auf dem Finanzmarkt zu verschaffen. Diese freundschaftlichen Geschäftsbeziehungen sollen im Folgenden aufgezeigt werden. Die Grundlage dafür stellt die Untersuchung von Hasselström dar, die in New York, London und Stockholm von 1997 bis 1999 durchgeführt wurde und sich mit Händlern und Brokern, die als Intermediäre zwischen Käufer und Verkäufer fungieren, beschäftigt.

5.2.3 Geschäftsbeziehungen und Freundschaft

Händler und Broker stehen in engem Kontakt mit anderen Händlern und Brokern. Diese treffen sich regelmäßig und Pflegen ihre Beziehungen. Dabei sind insbesondere Face-to-face-Meetings von Bedeutung, die im Rahmen des sogenannten Entertaining stattfinden, wie es Hasselström in ihrer Untersuchung bezeichnet.[246] Dieses Konzept des Entertaining umfasst verschiedene Aktivitäten, die Händler und Broker gemeinsam mit ihren Kunden außerhalb des Arbeitsplatzes unternehmen. Darunter können beispielsweise die Besuche von Strip Clubs verstanden werden sowie gemeinsame Mittagessen und Einladungen zu Fußballspielen und Theatern. Diese Aktivitäten mit den Kunden sind in der Regel sehr

---

[244] Vgl. Brügger (1999), S. 287; Knorr-Cetina/Brügger (2005), S. 156.
[245] Vgl. Brügger (1999), S. 290ff.
[246] Vgl. Hasselström (2003), S. 81.

kostspielig und zeitintensiv. Händler und Broker reisen sogar regelmäßig in andere Städte, um sich mit Kunden zu treffen und nutzen dabei die Kreditkarte des Unternehmens.[247]

Insbesondere für junge und unerfahrene Händler sind die regelmäßigen Treffen von großer Wichtigkeit, da diese beispielsweise wertvolle Erkenntnisse über die Handelspraktiken auf dem Finanzmarkt lernen können, wenn sie etwa an Aktivitäten teilnehmen, die in Pubs und Bars stattfinden. Hier können die Neulinge lernen, welche Akteure eine wichtige Rolle einnehmen und aus welchem Blickwinkel diese den Finanzmarkt betrachten. Zudem können erfahrene Händler die Neulinge in die Finanzwelt einführen und sie bei dem Aufbau ihres sozialen Netzwerkes unterstützen, da Kontakte bei solchen Aktivitäten unkomplizierter geknüpft werden können.[248]

Darüber hinaus sehen die Händler und Broker die regelmäßigen Treffen als Vorbedingung für gegenseitiges Vertrauen bei Handelsaktivitäten an.[249] Beispielsweise bewertet ein Händler den Besuch einer Bar folgendermaßen: „This is actually work. You're not going to cheat someone you've been drunk with. A half hour meeting in the office doesn't mean anything. This is what is important".[250] Hier wird die Wichtigkeit von gemeinsamen Aktivitäten außerhalb des Arbeitsplatzes deutlich, bei denen persönliche Beziehungen aufgebaut werden, um eine Vertrauensbasis zu schaffen. Jedoch ist dieses Vertrauen kontextspezifisch zu betrachten, um die Bedeutung zu verstehen, wie Hasselström in ihrer Untersuchung feststellt. Hasselström gelangt dabei zu der Erkenntnis, dass die Finanzmärkte teilweise „environments of bullshitting" sind. Mit dem Begriff „Bullshitting" wird beispielsweise das ungenierte Lügen sowie das Zurückhalten von Informationen bezeichnet. Daher ist der Aufbau von Vertrauen, durch persönliche Unterhaltungen, Entertaining und andere Face-to-face-Interaktionen, in dem Sinne von Wichtigkeit, um mit dem „Bullshitting" umgehen zu können. Dass dies nicht immer möglich ist, verdeutlicht Hasselström anhand des Verhaltens eines Brokers, der nicht alle seiner Kunden treffen möchte, da er diese zu oft „bullshitted" hat und er es seitdem als schwierig betrachtet, diesen Kunden in die Augen zu schauen.[251]

Des Weiteren beurteilen die Broker eine Broker-Kunden-Beziehung als gut, wenn diese Beziehungen auch freundschaftliche Aspekte aufweisen.[252] Was dabei unter einer

---

[247] Vgl. Hasselström (2003), S. 85.
[248] Vgl. Hasselström (2003), S. 87.
[249] Vgl. Hasselström (2003), S. 88.
[250] Hasselström (2003), S. 55.
[251] Vgl. Hasselström (2000), S. 263f.
[252] Vgl. Hasselström (2000), S. 264.

Freundschaft mit Kunden verstanden wird, beschreibt ein Broker wie folgt: „I was invited to his wedding, and I've been to his house."[253] Ein anderer Broker erläutert außerdem: „I went to visit him when he was ill at hospital. I even brought him a Chinese meal".[254]

Anhand der Beziehung zwischen einem Broker namens James und seinem Kunden namens Henrik, die Gegenstand der Untersuchung von Hasselström ist, sollen die verschiedenen Facetten einer freundschaftlichen Geschäftsbeziehung verdeutlicht werden. Dabei besteht die Geschäftsbeziehung darin, dass Henrik den Handel mit Optionen über den Broker James tätigt, der dafür eine Maklergebühr erhält. Jedoch möchte Henrik in das Swapgeschäft wechseln und sich dabei auch einen neuen Broker suchen.[255] James sagt zu Henrik daher Folgendes: „What's the matter? Don't you love me anymore? Aren't we buddies? Buddies are supposed to help each other…".[256] Infolgedessen fühlt sich Henrik unbehaglich, da er nicht James als Broker möchte, sondern jemandem, der besser in diesem Gebiet ist. Nachdem Henrik einige Geschäfte mit anderen Brokern abgewickelt hat, die nicht zu seiner Zufriedenheit waren, meldet er sich kurz vor Weihnachten bei James und versichert diesem, dass er ihn als Broker wieder haben möchte.[257] James sagt daraufhin: „Mate! That's the best Christmas present you could have given m! Great! But you have to tell Bill [Chef von James] that you want to use me".[258] Allerdings meldet sich Henrik nach Weihnachten nicht bei James und handelt weiter verstärkt mit anderen Brokern. Zudem hängt er den Telefonhörer auf, als James nachfragen will, warum er sich nicht melden würde.[259]

Anhand dieser Beziehung lässt sich erkennen, dass James den freundschaftlichen Aspekt ihrer Beziehung dazu benutzt, damit sich Henrik ihm gegenüber verpflichtet fühlt, wieder mit ihm Geschäfte abzuwickeln. Dies hat bis zu einem gewissen Grad Erfolg, allerdings wechselt Henrik nicht zu ihm. Zudem wird mit der Ankündigung des Wechsels zu James, den Henrik dann doch nicht vollzieht, sein Verpflichtungsgefühl deutlich.[260] Darüber hinaus merkt Hasselström an, dass sich James sicherlich bewusst ist, was er tut, wenn er Henrik Geschenke zu Weihnachten macht und ihn „Buddy" nennt. James versucht demzufolge eine „Moral Tie" durchzusetzen, indem er ihre freundschaftliche Beziehung

---

[253] Hasselström (2003), S. 134.
[254] Hasselström (2003), S. 134.
[255] Vgl. Hasselström (2003), S. 134f.
[256] Hasselström (2003), S. 135.
[257] Vgl. Hasselström (2003), S. 135.
[258] Hasselström (2003), S. 135.
[259] Vgl. Hasselström (2003), S. 135.
[260] Vgl. Hasselström (2003), S. 135f.

betont, um Vertrauen zu schaffen.[261] Des Weiteren merkt Hasselström an, dass James, mit Hilfe des Entertaining und anderen Face-to-face-Interaktionen, in der Lage war, eine solche Beziehung zu entwickeln und aufrechtzuerhalten: „So it would seem that entertaining and other kinds of face-to-face interaction provide James with an arena to develop, maintain and evaluate such a relationship, that is to say a relationship consisting of ideas of business, i.e. good trading, and of ideas of friendship, i.e. apparent mutual trust, obligations and reciprocity".[262]

Letztlich haben freundschaftliche Beziehungen mit Geschäftspartnern eine andere Wertigkeit. Es sind in der Regel keine wahren Freundschaften. Beispielsweise werden gemeinsam teure Bars aufgesucht, die Treffpunkte für Akteure des Finanzmarktes darstellen, aber nicht in der Freizeit mit Freunden besucht werden. Zudem finden diese Aktivitäten im Rahmen des Entertaining in der Woche statt und nicht am Wochenende, da das Wochenende mit der Familie und den Freunden verbracht wird.[263] Hasselström bewertet diese freundschaftlichen Geschäftsbeziehungen folgendermaßen: „Brokers and traders do socialize with the explicit aim of developing, or maintaining, a friendship-like relationship for the sake of making money [...]."[264] Demzufolge ist der Sinn und Zweck von freundschaftlichen Geschäftsbeziehungen darin zu sehen, das man sich dadurch auf dem Finanzmarkt Vorteile verschaffen kann, um möglichst viel Geld zu verdienen. Dies verdeutlicht Hasselström wie folgt: „The idea is to tie counterparts to each other, to forge loyalties, and to prevent deceit, in order to maximize financial profit".[265]

---

[261] Vgl. Hasselström (2003), S. 139.
[262] Hasselström (2003), S. 137.
[263] Vgl. Hasselström (2003), S. 136.
[264] Hasselström (2003), S. 138.
[265] Hasselström (2003), S. 141.

6 Schlussbetrachtung

Die traditionellen Kapitalmarkttheorie ist lediglich bedingt in der Lage, dass Verhalten von Akteuren des Finanzmarktes adäquat zu erklären. Mit der Forschungsrichtung „Behavioral Finance" ist es möglich geworden, die beobachtbaren Anomalien aus einer verhaltenswissenschaftlichen Perspektive zu betrachten. Jedoch werden nur einzelne Anomalien aufgezeigt, ohne dass der soziale Kontext der Akteure berücksichtigt wird. Dies ermöglicht der Noise Trading-Ansatz, in dem soziale Aspekte beachtet werden und demzufolge die gegenseitigen Beeinflussungen der Akteure ebenfalls eine größere Bedeutung erlangen. Zudem wird nicht von einer homogen Anlegerschaft ausgegangen. Infolgedessen werden mit dem Noise Trading-Ansatz erstmals Formen von Sozialität in die traditionelle Kapitalmarkttheorie eingebracht. Des Weiteren ist der Noise Trading-Ansatz als ein geschlossener Gegenentwurf zur traditionellen Kapitalmarkttheorie zu betrachten.

Anhand der Untersuchung der Handlungen und Verhaltensweisen von Händler, die als eine Gemeinschaft in eine Handelsraum tätig sind und eine Trading Community konstituieren, ist deutlich geworden, dass sich kein Händler wie ein „Homo Oeconomicus" verhält, sondern vielmehr die soziale Einbettung des Händler von Bedeutung ist. Dies beginnt schon mit der Enkulturation eines jungen Händlers, der ein vollwertiges Mitglied der Trading Community werden möchte. Dabei werden persönliche Beziehungen zu anderen Händler aufgebaut, um Erfahrungen zu sammeln, die gemeinsame Sprache zu erlernen und eine eigene Identität zu entwickeln sowie letztlich einen eigenen Handelsstil zu finden. Zudem treten die Händler regelmäßig in Interaktionen und betreiben Konversationen im Handelsraum, um etwa an Informationen zu gelangen oder Sichtweisen des Marktes zu diskutieren.

Darüber hinaus ist die soziale Einbettung der Händler insbesondere dann zu erkennen, wenn man den Handelsraum als einen sozialen Raum betrachtet. In diesem Handelsraum sind beispielsweise „Star-Händler" zu finden, die möglicherweise auch Mentoren sind und die jungen Händler bei ihren ersten Handelsaktivitäten anleiten. Zudem genießen diese Star-Händler das größte Ansehen im Handelsraum und verfügen über die größte Freiheit bei den Handelsvolumina sowie bei riskanten Handelsgeschäften. Im Allgemeinen ist einem Händler sein guter Ruf von großer Wichtigkeit, da dieser über die weitere Karriere entscheidet und auch den Status innerhalb des Handelsraumes festlegt. Dies beinhaltet auch, dass ein Händler Charakter zeigt und demzufolge nicht die Nerven verliert, wenn er mit großen Beträgen in risikoreichen Geschäften handelt. Letztlich entscheidet die soziale Position im Handelsraum darüber, für welche Handelsposition ein Händler Verantwortung tragen darf.

Darüber hinaus sind Händler nicht nur in Handelsräumen aktiv, sondern treffen sich regelmäßig mit anderen Händlern, um ihre Beziehungen zu pflegen. Dabei sind insbesondere Face-to-face-Meetings von Bedeutung, damit sich zwischen den Händlern eine enge persönliche Beziehung aufbaut, welche die Grundlage für gegenseitiges Vertrauen darstellt. Dabei ist der Zweck darin zu sehen, dass das mögliche Risiko des gegenseitigen „Bullshittings" reduziert werden soll. Ist eine solche Vertrauensbasis jedoch erstmal etabliert, so werden zwischen den Händler auch Informationen ausgetauscht, die als „sensibel" zu betrachten sind. Dabei handelt es sich oftmals um einen reziproken Tausch von Informationen, der sich auch zu einem regelrechten Handel mit Informationen entwickeln kann.

Zudem können enge Geschäftsbeziehungen auch freundschaftliche Aspekte beinhalten, die jedoch in der Regel dazu dienen, den anderen Geschäftspartner zu binden und Verpflichtungsgefühle hervorzurufen, wenn dieser nicht so agiert, wie der andere Händler es wünscht. Es ist lediglich mittel zum Zweck, um sich auf dem Finanzmarkt Vorteile zu verschaffen und das Risiko von Verlusten zu begrenzen. Als wahre Freundschaften können diese freundschaftlichen Geschäftsbeziehungen nicht betrachtet werden.

Literaturverzeichnis

Abolafia, Mitchel Y. (1996): Making Markets: Opportunism and Restraint on Wall Street, Cambridge, Massachusetts.

APQC (2000): Building and Sustaining Communities of Practice: Continuing Success in Knowledge Management, Best Practice Report des Consortium Learning Forum des American Productivity & Quality Centers.

Arbel, Avner/Carvell, Steven/Strebel, Paul (1983): Giraffes, Institutions and Neglected Firms. In: Financial Analysts Journal, May-June 1983, pp. 57-63.

Banerjee, Abhijit V. (1992): A Simpel Model of Herd Behavior. In: The Quarterly Journal of Economics, Vol. CVII, Issue 3, August 1992, pp. 797-817.

Banz, Rolf W. (1981): The Relationship Between Return and Market Value of Common Stocks. In: Journal of Financial Economics, Vol. 9, pp. 3-18.

Barber, Brad M./Odean, Terrance (2004): Individual Investors. In: Thaler, Richard H. (2005): Advances in Behavioral Finance, Vol. II, New York, pp. 543-569.

Barberis, Nicholas/Thaler, Richard H. (2003): A Survey of Behavioral Finance. In: Thaler, Richard H. (2005): Advances in Behavioral Finance, Vol. II, New York, pp. 1-78.

Basu, Sanjoy (1977): The Investment Performance of Common Stocks in Relation to Their Price-Earnings Ratios: A Test of the Efficient Market Hypothesis. In: Journal of Finance, Vol. XXXII, No. 3, June 1977, pp. 663-682.

Bauer, Christopher (1992): Das Risiko von Aktienanlagen: Die fundamentale Analyse und Schätzung von Aktienrisiken, Köln.

Beunza, Daniel/Stark, David (2004): Tools of the trade: the socio-technology arbitrage in a Wall Street trading room. In: Industrial and Corporate Change, Vol. 13, No. 2, pp. 369-400.

Bikhchandandi, Sushil/Hirshleifer, David/Welch, Ivo (1992): A Theory of Fads, Fashion, Custom and Cultural Change as Informational Cascades. In: Journal of Political Economy, Vol. 100, No. 5, pp. 992-1026.

Black, Fischer (1972): Capital Market Equilibrium with Restricted Borrowing. In: Journal of Business, Vol. XLV, Issue 3, July 1972, pp. 444-455.

Black, Fischer (1986): Noise. In: Journal of Finance, Vol. XLI, Issue 3, July 1986, pp. 529-543.

Brügger, Urs (1999): Wie handeln Devisenhändler?: Eine ethnographische Studie über Akteure in einem globalen Markt, Dissertation Nr. 2268, Bamberg.

Brügger, Urs (2000): Speculating: Working in financial markets. In: Ökonomie und Gesellschaft, Jahrbuch 16: Facts and figures: Economic representations and practice, pp. 229-256.

Camerer, Colin (1989): Bubbles and Fads in Asset Prices. In: Journal of Economic Surveys, Vol. 3, No. 1, pp. 3-41.

Cutler, David M. /Poterba, James M./Summers, Lawrence H. (1990): Speculative Dynamics and the role of Feedback Traders. In: AEA Papers and Proceedings, May 1990, pp. 63-68.

De Bondt, Werner F. M./Thaler, Richard H. (1985): Does the Stock Market Overreact?. In: Journal of Finance, Vol. XL, No. 3, July 1985, pp. 793-805.

De Bondt, Werner F. M./Thaler, Richard H. (1987): Further Evidence On Investor Overreaction and Stock Market Seasonality. In: Journal of Finance, Vol. XLII, No. 3, July 1987, pp. 557-581.

De Bondt, Werner F. M./Thaler, Richard H. (1989): Anomalies: A Mean-Reverting Walk Down Wall Street. In: Journal of Economic Perspectives, Vol. 3, No. 1, pp. 189-202.

De Long, J. Bradford/Shleifer, Andrei/Summers, Lawrence H./Waldmann, Robert J. (1990): Positive Feedback Investment Strategies and Destabilizing Rational Speculation. In: The Journal of Finance, Vol. XLV, No. 2, June 1990, pp. 379-395

Döhrmann, Andreas (1990): Underpricing oder Fair Value: Das Kursverhalten deutscher Erstemissionen, Wiesbaden.

Fama, Eugene F. (1965): Random Walks in Stock Market Prices. In: Financial Analysts Journal, September-October 1965, pp. 55-59.

Fama, Eugene F. (1970): Efficient Capital Markets: A Review of Theory and Empirical Work. In: Journal of Finance, Vol. 25, Issue 2, May 1970, pp. 383-417.

Fama, Eugene F. (1991): Efficient Capital Markets: II. In: Journal of Finance, Vol. 46, Issue 5, December 1991, pp. 1575-1617.

Fama, Eugene F. (1998): Market efficiency, long-term returns, and behavioral finance. In: Journal of Financial Economics, Vol. 49, Issue 3, September 1998, pp. 283-306.

Fama, Eugene, F./French, Kenneth R. (2004): The Capital Asset Pricing Model: Theory and Evidence. In: Journal of Economic Perspectives, Vol. 18, No. 3, Summer 2004, pp. 25-46.

Fenton-O'Creevy, Mark P./Nicholson, Nigel/Soane, Emma/Willman, Paul (2003): Trading on illusions: Unrealistic perceptions of control and trading performance. In: Journal of Occupational and Organizational Psychology, Vol. 76, Issue 1, March 2003, pp. 53-68.

Fenton-O'Creevy, Mark P./Nicholson, Nigel/Soane, Emma/Willman, Paul (2005): Traders: Risks, Decisions, and Management in Financial Markets, New York.

Fontaine, Michael (2001): Keeping Communities of Practice Afloat: Understanding and fostering roles in communities. In: Knowledge Management Review, Vol.4, Issue 4, September/October 2001, pp. 16-21.

Franz, Stephan (2004): Grundlagen des ökonomischen Ansatzes: Das Erklärungskonzept des Homo Oeconomicus. In: International Economics, Working Paper 2004-02, S. 1-16.

Frost, Benjamin (2005): Lebensfähigkeit von Communities of Practice im organisationalen Kontext, Dissertation Nr. 3120, Bamberg.

Garsten, Christina/Hasselström, Anna (2003): Risky Business: Discourses of Risk an (Ir)responsibility in Globalizing Markets. In: Ethnos, Vol. 68, Issue 2, June 2003, pp. 249-270.

Goldberg, Joachim/von Nitzsch, Rüdiger (2000): Behavioral Finance: Gewinne mit Kompetenz, 3. Auflage, München.

Gonedes, Nicholas J. (1976): The Capital Market, the Market for Information, and External Accounting. In: Journal of Finance, Vol. 31, Issue 2, May 1976, pp. 611-630.

Hasselström, Anna (2000): „Can't buy me love: Negotiating ideas of trust, business and friendship in financial markets. In: Ökonomie und Gesellschaft, Jahrbuch 16: Facts and figures: Economic representations and practice, pp. 257-275.

Hasselström, Anna (2003): On and Off the Trading Floor: An inquiry into the everyday fashioning of financial market knowledge, Doctoral dissertation, Stockholm.

Henschel, Alexander (2001): Communities of Practice: Plattform für individuelles und kollektives Lernen sowie den Wissenstransfer, Dissertation Nr. 2450, Bamberg.

Hoffmann, Carsten (2001): Gleichgerichtetes Verhalten am Aktienmarkt: Eine Verbindung ökonomischer, psychologischer und soziologischer Ansätze, Inauguraldissertation, Berlin.

Johnson, Joseph/Tellis, Gerard J./Macinnis, Deborah J. (2005): Loser, Winners, and Biased Trades. In: Journal of Consumer Research, Vol. 32, September 2005, pp. 324-329.

Kahn, Howard/Cooper, Cary L. (1993): Stress in the Dealing Room: High performers under pressure, London.

Kiehling, Hartmut (2001): Börsenpsychologie und Behavioral Finance: Wahrnehmung und Verhalten am Aktienmarkt, München.

Klein, Stefan (1999): Aktie-Analysemethoden versus Effizienzmarkttheorie: Eine empirische Untersuchung am deutschen Aktienmarkt von 1975 bis 1997 unter Berücksichtigung der Volatilität des Terminmarktes, Lohmar; Köln.

Knorr-Cetina, Karin/Brügger, Urs (2000): The Market as an Object of Attachment: Exploring Postsocial Relations in Financial Markets. In: Canadian Journal of Sociology, Vol. 25, Issue 2, pp. 141-168.

Knorr-Cetina, Karin/Brügger, Urs (2005): Globale Mikrostrukturen der Weltgesellschaft: die virtuellen Gesellschaften von Finanzmärkten. In: Windolf, Paul (Hrsg.): Finanzmarktkapitalismus: Analysen zum Wandel von Produktionsregimen, S. 145- 171.

Lakonishok, Josef/Shapiro, Alan C. (1986): Systematic Risk, Total Risk and Size as Determinants of Stock Market Returns. In: Journal of Banking and Finance, Vol. 10, pp. 115-132.

Männel, Beate (2002): Sprache und Ökonomie: Über die Bedeutung sprachlicher Phänomene für ökonomische Prozesse, Marburg.

McDermott, Richard (1999): Nurturing Three-Dimensional Communities of Practice: How to get the most out of human networks. In: Knowledge Management Review, Issue 11, November/December 1999, pp. 26-29.

Menkhoff, Lukas (1995): Spekulative Verhaltensweisen auf Devisenmärkten, Tübingen.

Menkhoff, Lukas/Röckemann, Christian (1994): Noise Trading auf Aktienmärkten: Ein Überblick zu verhaltensorientierten Erklärungsansätzen nicht-fundamentaler Kursbildung. In: Zeitschrift für Betriebswirtschaft, Jahrgang 64, Heft 3, S. 277-295.

Mohr, Britta/Freudenthaler, Kurt/Hofer-Alfeis, Josef (2002): Wissensgemeinschaften – Organisationsform für das verteilte Wissen. In: Bellmann, Matthias/Krcmar, Helmut/Sommerlatte, Tom (Hrsg.): Praxishandbuch Wissensmanagement: Strategien – Methoden – Fallbeispiele, S. 549-569.

Muth, John F. (1961): Rational Expectations and the Theory of Price Movements. In: Econometrica, Vol. 29, Issue 3, pp. 315-335.

North, Klaus/Franz, Michael/Lembke, Gerald (2004): Wissenserzeugung und -austausch in Wissensgemeinschaften: Communities of Practice. In: QUEM-Report, Schriften zur beruflichen Weiterbildung, Heft 85, S. 1-224.

Oehler, Andreas (1991): „Anomalien", „Irrationalitäten" oder „Biases" der Erwartungsnutzentheorie und ihre Relevanz in Finanz- und Kapitalmärkten, Diskussionsbeitrag Nr. 165, Hagen.

Opfer, Heiko (2004): Zeitvariable Asset-Pricing-Modelle für den deutschen Aktienmarkt: Empirische Untersuchung der Bedeutung makroökonomischer Einflussfaktoren, 1. Auflage, Wiesbaden.

Redding, Lee S. (1996): Noise Traders and Herding Behavior. In: International Monetary Fund, Research Department, Working Paper, No. 96/104, pp. 1-15.

Reinganum, Marc R. (1981): Misspecification of Capital Asset Pricing: Empirical Anomalies Bases on Earnings' Yields and Market Values. In: Journal of Financial Economics, Vol. 9, pp. 19-46.

Röckemann, Christian (1995): Börsendienste und Anlegerverhalten: Ein empirischer Beitrag zum Noise Trading, Wiesbaden.

Ross, Stephen A. (1976): The Arbitrage Theory of Capital Asset Pricing. In: Journal of Economic Theory, Vol. 13, pp. 341-360.

Rothenstein, Roland (2004): Effizienz in Aktienmärkten: Bewertung von Informationen unter Berücksichtigung von Wechselwirkungen in Multiagentensystemen, Dissertation, Bremen.

Rozeff, Michael S./Kinney, William R. (1976): Capital Market Seasonality: The Case of Stock Returns. In: Journal of Financial Economics, Vol. 9, pp. 379-402.

Russel, Thomas/Thaler, Richard H. (1985): The Relevance of Quasi Rationality in Competitive Markets. In: The American Economic Review, Vol. 75, No. 5, December 1985, pp. 1071-1082.

Saint-Onge, Hubert/Wallace, Debra (2003): Leveraging Communities of Practice for Strategic Advantage, Amsterdam et al.

Schmidt, Jutta (2004): Anlageentscheidung am Aktienmarkt, Frankfurt am Main.

Shefrin, Hersh (2000): Beyond Greed and Fear: Understanding Behavioral Finance and the Psychology of Investing, Boston, Massachusetts.

Shleifer, Andre/Summers, Lawrence H. (1990): The Noise Trader Approach to Finance. In: Journal of Economic Perspectives, Vol. 4, No. 2, Spring 1990, pp. 19-33.

Shiller, Robert J. (1984): Stock Prices and Social Dynamics. In: Brookings Papers on Economic Activity, Cowles Foundation Paper no. 616, pp. 457-510.

Shiller, Robert J. (1990): Speculative Prices and Popular Models. In: Journal of Economic Perspectives, Vol. 4, No. 2, Spring 1990, pp.55-65.

Shiller, Robert J. (1995): Rhetoric and Economic Behavior: Conversation, Information and Herd Behavior. In: AEA Papers and Proceedings, Vol. 85, No. 2, pp. 181-185.

Shiller, Robert J. (2003): From Efficient Markets Theory to Behavioral Finance. In: Journal of Economic Perspectives, Vol. 17, No. 1, Winter 2003, pp. 83-104.

Steiner, Peter/Uhlir, Helmut (2001): Wertpapieranalyse, 4., vollständig überarbeitete und erweiterte Auflage, Heidelberg.

Thaler, Richard H. (1987): Anomalies. Seasonal Movements in Security Prices I: The January Effect. In: Economic Perspectives, Vol. 1, No. 1, Summer 1987, pp. 197-201.

Thaler, Richard H. (1987a): Anomalies. Seasonal Movements in Security Prices II: Weekend, Holiday, Turn of the Month and Intraday Effects. In: Economic Perspectives, Vol. 1, No. 1, Fall 1987, pp. 169-177.

Thaler, Richard H. (1994): Quasi Rational Economics, 1st Edition, New York.

Tinic, Seha M./West, Richard R. (1984): Risk and Return: January vs. the Rest of the Year. In: Journal of Financial Economics, Vol. 13, pp. 561-574.

Tversky, Amos/Kahnemann, Daniel (1979): Prospect Theory: An Analysis of Decision under Risk. In: Econometrica, Vol. 47, No. 2, pp. 263-292.

Tversky, Amos/Kahnemann, Daniel (1986): Rational Choice and the Framing of Decisions. In: Journal of Business, Vol. 59, No. 4, pp. 251-278.

Tversky, Amos/Kahnemann, Daniel (1991): Loss Aversion in Riskless Choice: A Reference-Dependent Model. In: The Quarterly Journal of Economics, Vol. CVI, Issue 4, November 1991, pp. 1039-1061.

Unser, Matthias (1999): Behavioral Finance am Aktienmarkt: Empirische Analysen zum Risikoverhalten individueller Anleger, Bad Soden am Taunus.

Von Heyl, Daniel C. (1995): Noise als finanzwirtschaftliches Phänomen: Eine theoretische Untersuchung der Bedeutung von Noise am Aktienmarkt, Frankfurt am Main.

Wenger, Etienne (1998): Communities of Practice: Learning as a Social System. In: Systems Thinker, Vol. 9, pp. 1-7, [URL http://www.co-i-I.com/coil/knowledge-garden/cop/Iss.shtml - Verfügbarkeitsdatum: 20.11.2006].

Wenger, Etienne (2000): Communities of Practice: The Structure of Knowledge Stewarding. In: Depres, Charles/Chauvel, Daniele (Hrsg.): Knowledge Horizons: The Present and the Promise of Knowledge Management, pp. 205-224.

Wenger, Etienne (2004): Knowledge management as a doughnut: Shaping your knowledge strategy through communities of practice. In: Ivey Business Journal, January/February 2004, pp. 1-8.

Wenger, Etienne/McDermott, Richard/Snyder, William M. (2002): Cultivating Communities of Practice, Boston, Massachusetts.

Wenger, Etienne/Snyder, William M. (2000): Communities of Practice: The Organizational Frontier. In: Harvard Business Review, January/February 2000, pp. 139-145.

Willman, Paul/Fenton-O'Creevy, Mark P./Nicholson, Nigel/Soane, Emma (2001): Knowing the risks: Theory and practice in financial market trading. In: Human Relations, Vol. 54, Issue 7, pp. 887-910.

Willman, Paul/Fenton-O'Creevy, Mark P./Nicholson, Nigel/Soane, Emma (2002): Traders, managers and loss aversion in investment banking: a field study. In: Accounting, Organizations and Society, Vol. 27, pp. 85-98.

Willman, Paul/Fenton-O'Creevy, Mark P./Nicholson, Nigel/Soane, Emma (2006): Noise Trading and the Management of Operational Risk; Firms, Traders and Irrationality in Financial Markets. In: Journal of Management Studies, Vol. 43, Issue 6, September 2006, pp. 1357-1374.